Henri Stierlin
Die Welt Japans

Die Welt Japans

Text und Fotos
von Henri Stierlin

Gondrom Verlag

Produced by
AGENCE INTERNATIONALE D'EDITION JEAN F. GONTHIER
8, avenue Villardin, 1009 Pully (Switzerland)

Vorsatzblätter:
Detail der Dachkonstruktion der Pagode des Daigo-ji in Kyoto, erbaut im Jahre 951. Dies ist das älteste Gebäude der ehemaligen kaiserlichen Hauptstadt, welches uns erhalten blieb. Die übereinandergesetzten Etagen der mit Ziegeln gedeckten Bedachung zeichnen sich durch die Eleganz der leichten Aufwölbung aus. Sie symbolisieren die Wohnungen der Götter im buddhistischen Paradies.

Titelseite:
Diese frühzeitliche Terrakotta-Figur stellt einen behelmten Krieger dar – einen »Haniwa«, einen Grabwächter also, der eine der großen Grabanlagen oder »Kofun« bewacht, die zwischen dem dritten und sechsten Jahrhundert unserer Zeitrechnung für die japanischen Herrscher der Eisenzeit geschaffen wurden (Nationalmuseum Tokio).

Vordere Umschlagseite:
Morgendämmerung über dem Byodo-in in Uji bei Kyoto. Als Palast im Jahre 1015 von der Familie Fujiwara errichtet, wurde dieser »Pavillon des Phönix« in einen buddhistischen Tempel verwandelt und Amida geweiht, dem Buddha des ewigen Paradieses.

Hintere Umschlagseite:
Das »Torii« des großen Shinto-Heiligtums von Itsukushima bei Hiroshima, errichtet im Jahre 1556, scheint auf den Wassern der Bucht von Miyajima zu schwimmen. Es reckt seine mächtige rotbemalte Holzkonstruktion in den Himmel inmitten einer Landschaft, die zu den berühmtesten Japans zählt.

Deutsche Übersetzung: Diethard H. Klein
ISBN 3-8112-0174-3
Printed in Spain by Editorial Fher, S.A.

Inhalt

Kapitel I:

Ein Blick auf Japans Geschichte

Kopf eines „Haniwa", jener Terrakotta-Wächterfiguren von den mächtigen Grabanlagen oder „Kofun", die zwischen dem dritten und sechsten Jahrhundert unserer Zeitrechnung entstanden (Nationalmuseum Tokio).

Das heutige Japan ist in extremem Ausmaß modern und zukunftsorientiert. Um die Zeit aufzuholen, die es durch jahrhundertelange freiwillige Abschließung gegen westliche Einflüsse verlor, hat das Land in den etwa 120 Jahren seit Aufhebung dieser Schranken immer schnellere, immer riesigere Schritte gemacht. War es vor 30 Jahren noch gelehriger Schüler, so ist es heute nicht nur ein Meister, sondern ein Gigant geworden. Kaum dem Feudalismus entwachsen, stürzte es sich kopfüber in den nach dem Waffenstillstand von 1945 aus den USA importierten Wirtschaftsliberalismus. Seither bestimmen Tempo, Dynamik, Hochkonjunktur dieses Land mit seiner kaum vergleichbaren stürmischen Entwicklung.

Japan nimmt für sich den Platz als drittgrößte Industriemacht der Welt in Anspruch. Auf den Gebieten der Elektronik, der Optik und der Ausstattungsindustrie hat es unbestritten eine Spitzenstellung; es ist sowohl für Amerika wie für die Bundesrepublik Deutschland, ja für ganz Europa zum bedrohlichen Konkurrenten geworden.

Aber vor allem im Innern ist diese Entwicklung verblüffend. Innerhalb von nur drei Jahrzehnten haben sich die Inseln mit riesigen Hochhäusern, mit Häfen, Flughäfen, Autobahnen und Hochgeschwindigkeits-Eisenbahnen bedeckt. Um den Verkehr zwischen Tokio und Osaka schneller bewältigen zu können – einem „Städte-Strang" von etwa 500 km, auf dem sich über 25 Mill. Einwohner drängen – wurde die schnellste Eisenbahnverbindung der Welt geschaffen, der Tokaido-Expreß, so genannt in Erinnerung an die alte Kaufmannsstraße, die Edo (das heutige Tokio) mit Heian (dem heutigen Kyoto) verband und die durch die Farbholzschnitte des großen Hiroshige (1831) unsterblich wurde.

Dieses Land, das zwischen seinen alten Traditionen und seiner futuristischen Gegenwart hin und her gerissen ist, verwirrt westliche Betrachter völlig und sorgt bei ihnen unaufhörlich für Überraschung, für Verständnislosigkeit, ja Verzweiflung. Trotz ultramoderner vollklimatisierter Hochhäuser im amerikanischen Stil, ganz aus Glas und Stahl, trotz der enormen Verbreitung von Personenwagen (deren Besitz zum wahren Kult geworden ist), trotz des Farbfernsehens mit zahlreichen Sendern, trotz der Elektronikrechner, der Kühltruhen, der Waschmaschinen, der europäischen Anzüge und der schaufenstergesäumten Einkaufsstraßen bleibt Japan verwirrender als jedes andere Land der Welt.

Um auch nur zu versuchen, in die Mentalität und die geistigen Strömungen Japans einzudringen, ist die Beschäftigung mit seiner Geschichte unerläßlich. Denn wir sind zu oft geneigt, unsere Denkweise auf das Phänomen Japan anzuwenden, seine Geisteshaltung nach unseren Maßstäben analysieren zu wollen. Alles in Japan aber unterscheidet sich diesbezüglich von unseren Kategorien und Begriffen – seine geistige Welt ist für uns irgendwie nicht faßbar.

Das ist darauf zurückzuführen, daß die japanische Zivilisation nie einen Bruch erlebte: noch heute ist die japanische Kultur tief verwurzelt in den Mythen der Vorgeschichte. Daher geht auch dieses Buch stark auf die Ursprünge ein – nur die Beschäftigung damit kann uns einen Weg zur Seele Japans und zu seinen unverändert geltenden Werten öffnen.

31 cm hoch ist diese Terrakotta-Figurine aus der späten Jômon-Zeit, also etwa aus der Mitte des ersten vorchristlichen Jahrtausends. Diese sehr schematisierte Kunst mit ihren geometrischen Mustern von großer Kraft der Abstraktion stellt eigentlich die erst Kulturäußerung im vorgeschichtlichen Japan dar (Privatsammlung).

Doch wir müssen uns fragen, ob die Geschichte Japans uns tatsächlich gleich eine so umfassende Erklärung liefern kann, wie wir sie uns erhoffen oder auf die wir gar ein Recht zu haben glauben. Immerhin ist die Meinung der Fachleute da geteilt. Einige behaupten, daß die Japaner völlig mit ihrer Geschichte gebrochen hätten; sie hätten sich in die Welt um das Jahr 2000 gestürzt, indem sie alle Fäden zerrissen, die sie noch an die Sitten und Bräuche der Vorfahren banden. Doch das ist sehr fraglich – denn es ist leicht nachzuweisen, daß sich die Gewohnheiten so stark gar nicht verändert haben, wie das auf den ersten Blick scheinen mag. Der Shintoismus überdauerte und ist, aus dem Schoß der Zeit gekommen, auch im Herzen des modernen Japaners lebendig. Ebenso blieb die Kampfdisziplin der Ritterzeit erhalten und findet heute im Wirtschafts-„Kampf" ihren Ausdruck. Die

Auch diese Tonplastik – eine stark stilisierte weibliche Gestalt – entstammt der späten Jômon-Periode (Museum Osaka).

geistigen Strukturen überleben hinter den verwestlichten Fassaden.

Der Japaner ist herausgestiegen aus seiner Vergangenheit, um sich in der Gegenwart einzurichten – aber er stößt deswegen nicht seine Traditionen zurück. Seine Geisteshaltung spiegelt Denkweisen wider, in denen gewisse, aus archaischer Zeit stammende Strukturen erhalten blieben. Die grundsätzliche Lebenseinstellung bleibt trotz äußerlicher Amerikanisierung unverändert. Die logischen Bezugssysteme beruhen auf anderen Fertigkeiten als den unsrigen. Solange dieses „Gepäck" noch nicht gleichgeschaltet, nicht eingeebnet ist durch die internationale Einheitszivilisation, die sich in allen Industrieländern der Welt ausbreitet, muß man zu den Quellen der Vergangenheit zurückkehren, um fremde Geisteshaltungen zu verstehen.

Daher ist schließlich dieses Hinabsteigen in die Zeit nichts anderes als eine Suche nach der reichen Vielfalt des Menschen mit dem Ziel, ihn darin besser zu verstehen. Was sind aber nun die wesentlichen Züge des japanischen Geistes? Das herauszustellen will dieses Buch versuchen, das dem reichen kulturellen Erbe gewidmet ist und jenen „nationalen Schätzen", mit denen die Japaner von heute so eng verbunden sind.

Wir werden also in großen Zügen in Text und Bild die Hauptwerke Nippons aus einer zweitausendjährigen Geschichte vorstellen, handle es sich nun um die großen Megalith-Grabstätten oder die shintoistischen Schreine, die buddhistischen Tempel von Nara aus dem 7. und 8. Jh. unserer Zeitrechnung, die Wunder von Kyoto, die Zen-Gärten oder die mittelalterlichen Burgen, die Malereien der zweihundert Jahre lang blühenden Malerfamilie Kano, die akkurate Kunst der Inros oder die berühmten Farbholzschnitte, die uns an den Beginn der Moderne führen.

An dieser Figurine fällt das herzförmige Gesicht besonders auf, das für diese Epoche (wieder die späte Jômon-Zeit) sehr typisch ist.

Oben:
Diese „Haniwa"-Figur stellt eine Frau in der Rolle eines Schamanen dar. Man nimmt an, daß der Schamanismus mit den ersten Einwanderern aus Sibirien, den ur-altaischen „Bogen-Reitern", nach Japan gelangte (Nationalmuseum Tokio).

Ganz oben:
Unter den Tierdarstellungen aus dem Bereich der „Haniwa" zeigt dieser Affe mit seinem ausdrucksvollen Kopf die bemerkenswerte Beobachtungsgabe und das gestalterische Können der japanischen Künstler in dieser vorgeschichtlichen Zeit der „Kofun" (Nationalmuseum Tokio).

Die Grundlage

Japan ist ein Archipel, der den eurasischen Kontinent im äußersten Osten begrenzt. Er besteht aus vier Hauptinseln: Kyushu und Shikoku im Süden, Honshu in der Mitte – zugleich die größte und die volkreichste Insel – und schließlich Hokkaido; daneben sind über tausend kleinere Inseln teils im Japanischen Meer, teils im Pazifischen Ozean und im „Inneren Meer" oder Seto Naikai verstreut. Diese im wesentlichen gebirgigen Inseln liegen am Rande der großen Tiefseegräben des Pazifik, in einer Bruchzone, welche die vulkanische Tätigkeit und die unaufhörlichen Erdbewegungen begründet, die immer wieder menschliche Siedlungen zerstören. Über zwanzig auch heute noch tätige Vulkane werden überragt von der typischen Silhouette des berühmtesten unter ihnen: des 3776 m hohen Fuji. Der über 2000 km lange Inselbogen erlebt sehr unterschiedliche Jahreszeiten, und während den Norden ein fast sibirisches Klima kennzeichnet, so trifft man im Süden auf tropische Schwüle. Regen fließt reichlich, und trotz wachsender Ausdehnung der Städte und des Straßennetzes bedeckt Wald noch über die Hälfte des Landes. Die Taifune des Pazifik rasen oft mit verheerender Kraft über die Inseln und hinterlassen Verwüstungen und Opfer.

Die Bevölkerung dieser Inselwelt vollzog sich in verschiedenen Wellen und aus verschiedenen Richtungen. Ursprünglich waren die heutigen Inseln noch mit dem Festland verbunden, und schon zu dieser Zeit wanderten wahrscheinlich die ersten Bewohner von Sibirien her ein, weißhäutig und die Vorfahren der heutigen Ainus, von denen nur noch wenige Stämme auf der Nordinsel Hokkaido existieren. Später landeten aus Korea und China kommende Einwanderer, im Süden dann gefolgt von Ankömmlingen aus Südchina. Darüber hinaus sind auch polynesische und indonesische Einflüsse in manch kultureller Hinsicht spürbar, besonders in bezug auf die Bauweise, die bis heute überdauert hat.

Der Japaner hat es verstanden, die Einflüsse dieser einander folgenden Einwanderer zu verarbeiten und zu verbinden und besonders jene aus China und Korea. Aber er hat sich sozusagen immer auswählend den Kenntnissen genähert, die da importiert wurden, und hat sie sich in diesem Sinne zu eigen gemacht. Seine handwerkliche Geschicklichkeit hat es ihm ermöglicht, die Techniken leicht zu meistern, dabei aber hat er sie auf eigene Weise umgeformt. Geistige Formen hat er eigenen Vorstellungen angepaßt.

Die ersten Kunstäußerungen gehen in vorgeschichtliche Zeit zurück. Das muß nicht notwendigerweise heißen, daß sie sehr alt sind. Die vorgeschichtliche Zeit nämlich endet in Japan erst mit dem Einströmen des Buddhismus im 6. Jahrhundert. Dennoch hat man in den Resten jungsteinzeitlicher Kulturen, die vielleicht noch aus dem 4. Jahrtausend vor unserer Zeitrechnung stammen, Töpferarbeiten gefunden, die wegen ihres Schnur-Dekors „Jômon" genannt werden. Dagegen treten erst in der spätesten Jômon-Epoche – sie endet um 300 v. Chr. – die merkwürdigen Figuren aus Terrakotta auf, die vielleicht Grabbeigaben sind oder mit dem Totenkult zusammenhängen und die Geburtsstunde eigentlicher Kunst markieren.

Die erste Architektur, der wir – von den Spuren jungsteinzeitlicher Hütten abgesehen – auf der Inselkette begegnen, sind die „Kofun", ausgedehnte Megalith-Grabstätten, bei denen der das Grab überwölbende Hügel von Gräben umgeben ist. Diese Bauwerke, die oft eindrucksvolle Ausmaße erreichen, gehen bis in die Eisenzeit zurück und sind zwischen das 3. und 6. Jhdt. unserer Zeitrechnung zu datieren. Dies sind damit die spätesten Beispiele für solche Begräbnisstätten; einige davon sind heute noch Ziel der Verehrung und wurden nie entweiht. Ihre „Schlüsselloch-Form" fand bisher noch keine Erklärung.

Oben:
Dieser Kopf eines weiblichen „Haniwa" mit Hut und Ohrringen zeigt sehr gut die stilistische Prägnanz der japanischen „Bildhauer" in dieser frühen Epoche (Nationalmuseum Tokio).

Links:
Mit dem Säbel, den man unten rechts noch erkennen kann, dem Helm und dem Brustpanzer stellt dieser „Haniwa"-Krieger ein besonders typisches Beispiel jener Wächterfiguren aus der Eisenzeit dar, welche die mächtigen Grabanlagen der „Kofun" beschützten (Nationalmuseum Tokio).

Luftbild des „Kofun" für den Kaiser Nintoku bei Osaka. Es handelt sich hier um eine der gewaltigsten Grabstätten der Welt: die ganze Anlage hat, mit ihrem dreifachen Graben, der noch immer mit Wasser gefüllt ist, eine Längenausdehnung von 1000 m. Zu diesem Grabhügel aus dem 4. Jahrhundert unserer Zeitrechnung wurden nicht weniger als drei Millionen Tonnen Erdreich aufgehäuft; die seinem schlüssellochförmigen Grundriß zugrundeliegende Symbolik konnte noch nicht eindeutig geklärt werden. Auf dem Gipfel wurde in einer Kammer aus riesigen Steinen der Herrscher beigesetzt.

Unten:
Unter den „Haniwa" finden sich immer wieder Tierdarstellungen – hier wahrscheinlich ein Hund (Nationalmuseum Tokio).

Oben:
Durch seinen Wassergraben ist der „Kofun" von der Welt der Lebenden geschieden; der ihn überwuchernde wahre Urwald birgt die megalithische Grabkammer.

Ursprünglich aus Sibirien stammend und nach Japan auf dem Umweg über Korea gelangt, sind diese Grabbauwerke schon der Beweis für eine kulturelle Invasion; jene der „Bogen-Reiter", die sich auf ur-altaische Traditionen stützen, vergleichbar wiederum jenen der Pasirik-Kultur. Die „Kofun" sind mächtige Anlagen, die zu den größten Begräbnisstätten der Welt zählen. So mißt etwa der „Kofun" des Nintoku, in Sakai bei Osaka (4. Jhdt.), nicht weniger als 1000 m in der Länge und 700 m in der Breite bei einer Höhe von 35 m etwa.

Das bedeutet drei Millionen Tonnen Material, und der dreifache Graben, noch mit Wasser gefüllt, hat einen Umfang von 3000 m. Die hier angesammelte enorme Wassermenge hat vielleicht auch als Ausgleichsspeicher für die Reiskulturen der umgebenden Ebene gedient. Auf dem Gipfel des Grabhügels barg eine aus mächtigen Steinen erbaute Kammer die sterbliche Hülle des verblichenen Herrschers.

Tausende von Menschen haben in der Schwemmlandebene gegraben, um diesen gewaltigen Grab-Berg aufzuhäufen, den nach den Bestattungszeremonien niemand mehr betreten durfte. Aber wenn auch das Grab von nun an heiliger Boden war, so haben doch die umgebenden Gräben (der hier ausgehobene Boden wurde zum Hügel aufgetürmt) ganz weltlich den Wohlstand einer ganzen Gesellschaft gesichert, aufgebaut auf den Reisanbau. Und so bezeugen schon diese „Kofun" aus der Vorgeschichte Nippons einen wesentlichen Grundzug dieses Landes: die gemeinsame Disziplin in der Arbeit eines ganzen Volkes. Über diese gigantischen Grabhügel, überwuchert von einem wahren Urwald, wachen noch heute die uralten Figuren der Wächter, die die Kaiser als Schildwachen auf die Umzäunung gestellt hatten. Diese Terrakotta-Statuen von eindrucksvoller Modernität, „Haniwa" genannt, scheinen noch immer die Gräber der vor fünfzehn Jahrhunderten dahingegangenen Herrscher in ihrer Obhut zu halten.

Oben:
Bei dieser ebenfalls wieder zwischen dem 3. und dem 6. Jahrhundert unserer Zeitrechnung entstandenen „Haniwa"-Skulptur, die zu singen und vielleicht zu tanzen scheint, könnte es sich um einen mit magischen Kräften ausgestatteten Wächter handeln, der Anrufungen oder Beschwörungen erschallen läßt.

Gegenüber, unten rechts:
Dieses „Torii" als typisches Symbol des Shintoismus, das sich im Wassergraben um eine der eisenzeitlichen Begräbnisstätten spiegelt, ist ein Zeugnis für die Verehrung dieser Grabanlagen durch die Jahrhunderte und bis heute.

Kapitel II:

Die Heiligtümer des Shintoismus

Holzbrücke über den Isuzu im heiligen Bezirk von Ise an einem Regentag. Alle Bauten in dem Wald, der das „Naigu" oder Innere Heiligtum umgibt, sind aus Holz.

Bei Unwettern kann der friedliche Isuzu zu einem reißenden Gewässer werden. Zum Schutz vor treibenden Baumstämmen hat man vor der Brücke Pfähle eingerammt.

Wer immer in die Seele Japans eindringen will, muß sich mit der uralten, noch aus der Vorgeschichte stammenden Religion des Shintoismus beschäftigen. Diese Glaubensrichtung, wörtlich übersetzt „Der Weg der Götter", umfaßt eine Gesamtheit animistischer Anschauungen, die wesentlich älter sind als der Buddhismus in Japan. Man findet darin die schamanistischen Riten der primitiven Stämme, die eine reiche Götterlehre in Verbindung mit einem Schöpfungsmythos entwickelt haben, dessen Aufgabe die Antwort auf die Geheimnisse der Natur ist. Die Naturgottheiten sind Geister oder „Kami" in einer Vielgötterwelt, wo sich die Kräfte des Guten und des Bösen gegenüberstehen.

Als alter Bauernkult, der noch vor unsere Zeit zurückreicht, entwickelte der Shintoismus sich aus einer Reihe von Legenden über die Abstammung der Götter und der Kaiser. Aber die Hauptaufgabe solcher Kulte ist es, den Menschen Schutz und Förderung zu verschaffen, sei es im Hinblick auf das Wachstum der Pflanzen und die Fruchtbarkeit des Bodens wie auf die Schicksale des Königreichs. Diese Riten bilden einen Schutzwall gegen die Naturkräfte, die der Mensch nicht beeinflussen kann; sie führen zur Reinigung und werden von Geschenken an die „Kami" begleitet.

Im Innern dieser Heiligtümer oder Schreine – nicht also in Tempeln wie beim Buddhismus – finden die Riten des Shintoismus statt. Diese Kultstätten liegen immer an einem von der Natur besonders ausgezeichneten Platz: heilige Haine, Berge, Quellen, Felsen sind die bevorzugten Plätze der Shinto-Religion, die dort ihre geweihten Bezirke errichtet hat, in deren Mitte wir jeweils das sehr einfache eigentliche Heiligtum aus Holz finden.

Die zwei heiligen Schreine von Ise

Im Nationalpark von Ise Shima mit seinen über 50.000 Hektar gelegen, zählen die beiden Heiligtümer von Ise zu den höchstverehrten Japans: der Innere Schrein (Naigu) und der Äußere Schrein (Geku). Hier ist die wichtigste heilige Stätte des Shintoismus. Im Herzen eines uralten, vom Isuzu durchflossenen Waldes liegt sie auf einer ins Meer vorgeschobenen Halbinsel südöstlich von Kyoto. Die herrlichen Zedern dieses Waldes erstrecken sich bis zum Gipfel eines heiligen Berges, wo Amaterasu, die Sonnengöttin, herabgestiegen sein soll zu den Menschen. Oberhaupt des Shinto-Götterhimmels, gilt Amaterasu zugleich als Ahnin der kaiserlichen Familie. So wird die Bedeutung ihres Kultes im Doppelheiligtum von Ise verständlich.

Bei den Bauwerken, die man in Ise betrachten kann, handelt es sich um Holzkonstruktionen, die auf die gleiche Zeit zurückgehen wie die „Kofun". Wenn diese Beispiele einer selbständigen Kunst – die älter ist als der Beginn chinesischer Einflüsse, die sonst stets das Schaffen japanischer Baukünstler und -handwerker bestimmten – trotz der Vergänglichkeit des Materials auf uns gekommen sind, so ist dies auf eine mehr als tausendjährige Tradition zurückzuführen. Aufgrund dieser nämlich wird alle zwanzig Jahre jeweils neben dem bestehenden Schrein ein genaues Abbild davon errichtet und der bisherige Schrein abgetragen. Durch diesen ununterbrochenen Wechsel, einen Zyklus steten Wiederbeginns, konnte eine Tradition verewigt werden, die bis in die Nacht der Zeiten zurückreicht. Wenn man zufällig zur Zeit des

Neubaus in Ise ist, kann man die beiden Schreine in ihren Einfriedungen und daneben ihre Duplikate sehen: ein Bau ist jeweils gerade vollendet, der vorhergehende noch nicht abgebrochen. Die Nachbarschaft der beiden Holzgebäude zeigt eindringlich, wie absolut identisch die jeweiligen Neubauten und ihre Vorgänger sind. Nur diese absolut getreue Wiederholung und Wiedergabe von Formen, Techniken, Baugesinnung durch Jahrhunderte und vielleicht Jahrtausende ermöglichte es, daß diese früheste japanische Architektur unverändert auf uns gekommen ist. Und so sind die Schreine von Ise gewissermaßen kulturelle Fossilien.

Andererseits spiegelt dieser stets unveränderte Wechsel einen wesentlichen Zug der japanischen Mentalität wider: die Architektur entwickelt sich nicht. Im Gegenteil, sie wiederholt sich ständig für ein Volk, das die Zeit als einen steten Wechsel der wiederkehrenden Jahreszeiten empfindet. Diese zyklische Empfindung der Zeit auch im heutigen Japan wird schlaglichtartig beleuchtet durch die Datierung der japanischen Münzen: sie tragen nicht wie bei uns eine kalendarische Jahreszahl, sondern das Regierungsjahr des Herrschers...

Luftaufnahme des Hauptheiligtums von Ise, des „Naigu" oder „Inneren Schreins". Der geheiligte Bezirk des Shintoismus, dessen Eingangsgebäude hier rechts außen zu erkennen ist, umfaßt verschiedene Weihestätten. Im Mittelpunkt steht das „Heilige Haus des Schatzes", links davon zwei Gebäude für heilige Geräte. Auf dem freien, kieselbestreuten Platz im Vordergrund – also am unteren Bildrand – wird zwanzig Jahre nach der Errichtung der jetzigen Gebäudegruppe ihre genaue Kopie erbaut.

Oben, links:
Ein Bild, das jeweils nur sehr kurze Zeit sichtbar ist: die beiden absolut identischen Heiligtümer von Ise Seite an Seite! Links das alte, zwanzig Jahre alt, rechts das neue, das soeben fertig wurde.

Oben rechts:
„Haus der heiligen Nahrung" in Ise: die Nachbildung eines einfachen vorgeschichtlichen Reis-Speichers auf Pfählen, dessen Firstbalken von den merkwürdig vor die Schmalseite gesetzten Mittelpfosten getragen werden. Das strohgedeckte Dach wird von den schweren Querhölzern gehalten.

Rechts:
Der gedeckte Säulengang, der zur Eingangshalle des inneren Heiligtums von Ise führt.

Links:
Ein Nebenheiligtum des „Naigu" mit seinem brettergedeckten Vordach, unter dem der Reinigungsritus stattfindet. Rechts im Vordergrund sieht man die kleine Hütte mit dem geweihten Grundpfosten für den kommenden Neubau. Wenn dieser errichtet ist, wird aus dem dann abgebrochenen Gebäude ein neuer Grundpfeiler für den später folgenden Bau aufbewahrt.

Unten:
Die Hütte für den geweihten Grundpfosten: dieser stellt sozusagen das „Korn" oder das „Reis" dar, aus dem dann an diesem Platz das künftige Heiligtum wachsen wird.

Oben:
Angetan mit ihren feierlichen Kopfbedeckungen und den schwarz lackierten Holzsandalen, sehen wir hier die Shinto-Priester von Ise bei den traditionellen Verneigungen. Links die Lade mit den Kultgeräten und vor allem dem reinigenden Salz. Der rechte Priester trägt ein seltsam gekrümmtes Zepter, das zur Zeremonie benötigt wird.

Der Besuch dieser heiligen Stätten, die alljährlich einige Millionen Menschen anziehen, wird von den Japanern gerne in der Zeit der Nebel und des Nieselregens unternommen. In einer Umwelt von Feuchtigkeit und Düsternis, die an den Beginn der Zeiten erinnert, scheint sich hier der Mensch in dem großen Wald einen ersten Weg zum Licht, zur Klarheit zu suchen.

Der Besuch des Inneren Schreins oder „Naigu" von Ise beginnt mit dem Überschreiten der Brücke über den Isuzu, vor der ein großes „Torii" steht. Diese Tore aus zwei hölzernen Pfeilern und einem Querbalken darüber kennzeichnen immer den Eingang zu einem heiligen Bezirk der Shinto-Religion. Dann führt der Weg den Fluß entlang in den dichten Wald. Weitere hölzerne „Torii" erschließen die nahezu heimlichen Pfade, die sich durch den Hochwald schlängeln und zum versteckten Äußeren Schrein führen.

Auf einer einfach geschotterten Doppelfläche bezeichnet zunächst eine winzige Hütte den Platz des vorhergehenden Heiligtums; sie birgt einen geweihten Grundpfosten davon. Neben diesem freien Platz, innerhalb einer geweihten Umwallung erhebt sich dann das Holzgebäude des Schreins, das „Haus der heiligen Nahrung". Es ist im Grunde genommen ein einfacher Reis-Speicher, völlig aus Bohlen und Pfosten und ohne irgendein Stück Metall errichtet. Das Dach ruht auf zwei vor die Seitenwände gesetzten Mittelpfosten, die den Firstbalken tragen, auf dem wiederum Querhölzer aufliegen, die das zweiseitige strohgedeckte Dach bekrönen.

Etwas weiter im Wald entdeckt man dann, im gleichen Muster errichtet, das Hauptheiligtum oder „Heilige Haus des Schatzes". Umgeben von einer vierfachen rechteckigen Einfriedung aus Holzpalisaden, erhebt sich die Gebäudegruppe hinter den „Torii". Sie hat Dächer wie die Gebäude für die Opfergaben, aber eindrucksvoller, mit hohen Grundpfosten wie die vorgeschichtlichen Speicher. Das Fehlen von gebogenen Formen und die Zimmermannsarbeit weisen auf einen Stand vor dem Eindringen chinesischen Einflusses hin.

Was nun den eigentlichen „Schatz" von Ise betrifft, im unverletz-

Gegenüber:
Das große „Torii" in der Bucht von Miyajima; zweihundert Meter vor dem Heiligtum ragt seine mächtige rote Holzkonstruktion über den sie umspülenden Wellen auf.

Unten:
Förmlich auf den Wassern der Bucht von Miyajima treibend, zählt das große Shinto-Heiligtum von Itsukushima zu den berühmtesten Stätten Japans. Erbaut im Jahre 1566, zeigt es typische Einflüsse buddhistischer Architektur.

Ganz unten:
Detail der Zimmermannsarbeit am Dach des Hauptgebäudes von Itsukushima.

lichen Heiligtum, das allein der Kaiser betreten darf: er ist lediglich ein Spiegel, mit dem einst die Menschen die Strahlen von Amaterasu, der Sonnengöttin, einfingen, und der vielleicht ein altes Feuerritual versinnbildlicht. Denn alle Shinto-Riten gründen sich auf die großen Lebensprinzipien der Fruchtbarkeit und der Reinigung. Diese beherrschen jede Geste der Priester des Heiligtums, wo die großen, der Vorgeschichte entstammenden Traditionen Japans unverfälscht bewahrt werden.

So vollziehen die Priester des Äußeren Schreins oder „Geku" zweimal täglich, mit der traditionellen Frisur und angetan mit weißen Gewändern und schwarzen Holzschuhen, die Reinigungsriten. Sie wiederholen die Gesten der Vorfahren, um von jeder Unreinheit die Stätten zu befreien, an denen man in Kontakt tritt mit den Geistern, den „Kami". Vor einer großen hölzernen Lade, die zwei andere

Priester herbeitragen und deren Deckel sie öffnen, streut der Priester das reinigende Salz aus. Er wirft, in einer Art von Exorzismus, drei Fingerspitzen voll Salz rund um sich, und wiederholt diese sehr einfache Zeremonie später an verschiedenen Stellen des Waldes von Ise, wo der Zug der Priester haltmacht. Nachdem das Ritual beendet ist, nimmt der shintoistische Hohepriester jeweils wieder das Zeichen seiner Würde – eine Art von magischem Zepter –, und die Prozession mit der hölzernen Lade zieht nach den üblichen Verneigungen weiter durch den Wald.

Das große Heiligtum von Itsukushima

Blick durch eine der Wandelhallen der heiligen Stätte von Itsukushima mit ihrer in lebhaftem Rot bemalten Holzarchitektur.

Oben:
Beiderseits der Plattform für die heiligen Tänze wachen in Itsukushima bronzene Drachen von chinesischer Prägung.

Rechts:
Blick auf das „Torii" von Itsukushima aus den Wandelgängen des Heiligtums.

Auf der Insel Miyajima – unweit von Hiroshima, das nach der Auslöschung durch den grauenhaften Atomschlag des letzten Krieges wieder erstand – findet man eine der berühmtesten Landschaften Japans: die Bucht von Itsukushima mit ihrem Shinto-Heiligtum. Von der Flut umspült, vermitteln die „Torii" und die Kultgebäude eine vollkommene Harmonie zwischen der Landschaft und den Anlagen zur Feier der Riten und Feste des Shintoismus.

Das Heiligtum, gegründet im 6. Jahrhundert n. Chr. und seither mehrfach neu errichtet, erhebt seine von Pfählen getragenen, rot bemalten Galerien und Säulenhallen aus dem Jahre 1556 unmittelbar am Meer. Wenn man auch hier wieder die traditionellen Grundzüge der Shinto-Architektur mit ihren Stohdächern und Holzkonstruktionen findet, so spürt man doch schon den Einfluß der buddhistischen Tempel, sowohl durch die aufgebogenen Dächer und die überkragenden Konsolen, beide chinesischen Ursprungs, wie durch den allgemeinen Grundriß, der die Merkmale der Fujiwara-Epoche zeigt (7. bis 9. Jahrhundert).

Der heilige Schrein scheint mit seinen galerieförmigen Seitenflügeln auf den Wassern zu schwimmen, in denen er sich spiegelt. Durch die auf Pfähle gesetzten Säulenhallen, die in den Golf ausgreifen, und das mitten im Wasser weit vor den Gebäuden aufragende mächtige „Torii" verbindet sich die weitläufige Anlage ungewöhnlich eng und harmonisch mit dem Meer.

Wie in Ise verrichten auch hier die Priester die Reinigungszeremonien, besonders jeweils am ersten Tage eines Monats. An den Feiertagen findet eine Prozession der Priesterschaft durch die Galerien statt. Der Zug umrundet das Heiligtum und hält an den vom Ritual vorgeschriebenen Stellen an. Bisweilen begleitet Flötenmusik die Prozession der Priester, die in Gegenwart der von weither zahlreich zu dieser bedeutenden Stätte des Shintoismus herbeigepilgerten Gläubigen stattfindet. Und eng verbindet sich die Vergangenheit mit der Gegenwart, ähnlich wie in der Geschichte sich der Shinto-Kult auf mehr als einem Gebiet mit den vom Buddhismus ererbten Traditionen verband. Denn man hüte sich vor der Annahme einer strengen Scheidung der beiden Hauptreligionen Japans: bis 1869 fanden die Kulte beider Glaubensrichtungen oft in den gleichen Gebäuden statt. Daher stammen auch die gegenseitigen Anleihen, die man in der Praxis wahrnimmt. Tatsächlich ist man in Japan nicht entweder shintoistisch oder buddhistisch – man kann beide Glaubensrichtungen miteinander verbinden, und das gilt schon von den historischen Anfängen an. Der Kaiser Yomeni-tenno, der im 6. Jahrhundert regierte und der erste war, der sich zum Buddhismus bekannte, hatte als Nachfolger eine Frau, Suiko-tenno, die erste Kaiserin Japans, die von 592 bis 628 herrschte. Sie war es, die das berühmte „Torii" von Itsukushima

errichten ließ, und zwar zu gleicher Zeit, als der Regent Shotoku Taishi, ein leidenschaftlicher Anhänger des Buddhismus, den berühmten Horyu-ji-Tempel in Nara erbauen ließ. Später dann, 1177, setzte sich diese Koexistenz der Kulte fort im berühmten buddhistischen „Fest der zehntausend Laternen", das man in Itsukusima feierte und bei dem die sich im Wasser spiegelnden Lampen, Laternen und Feuer rund um die Bucht ein Abbild des buddhistischen Paradieses waren.

Die Durchdringung von Shintoismus und Buddhismus zeigt sich auch an einem anderen Ereignis aus der Nara-Zeit. Im 8. Jahrhundert ließ als eindrucksvolle Huldigung an die neue Religion Kaiser Shomutenno (724–249) im Todai-ji-Tempel eine 16 m hohe Bronzestatue errichten, genannt Dai-Butsu. In Sorge, die shintoistischen „Kami" könnten dies vielleicht übelnehmen, sandte er einen theologisch gebildeten Mönch zum Heiligtum von Ise, um dort die Göttin Amaterasu zu befragen. Die Theorien, die der Mönch von dieser Reise mitbrachte, stehen am Beginn jener Lehre, die man später „ryobu shinto" nannte

Die „schwimmende Architektur" von Itsukushima bezieht sehr wesentliche Grundzüge – durchaus auch funktionell – aus der frühzeitlichen japanischen Pfahlbauweise, die wiederum vielleicht auf ferne polynesische Ursprünge zurückgeht.

und die eine Synthese der shintoistischen Riten und des esoterischen Buddhismus-Zweiges namens „shingon" darstellen. Dieser Kompromiß zwischen beiden Kulten sollte bis 1869 andauern.

Im Shintoismus werden die Gebete begleitet durch charakteristisches Händeklatschen, von dem alle Heiligtümer widerhallen. Der Priester will damit die Aufmerksamkeit der Geister auf die Verrichtungen lenken, die er machen wird. Er nimmt symbolische Opfergaben und legt sie auf ein winziges Holztablett; dann verstreut er wieder reinigendes Salz. Sodann vertreibt er mit einem Stab, an dem kunstvoll gefaltete Papierstreifen befestigt sind (die „Harai-Gushi"), vorsorglich eventuell vorhandene Dämonen. Die Zeremonie wird dann durch neues Händeklatschen beendet.

Aber in Itsukushima finden an bestimmten Tagen auch Vorführungen heiliger Tänze statt, „Kagura" genannt. Sie werden von traditionel-

Rechts:
Ganz außen an einem der Seitenflügel der Kultstätte von Itsukushima befindet sich eine Brücke, deren Eselsrücken-Wölbung so steil ist, daß sie praktisch nicht benutzbar ist und nur symbolischen Charakter hat; sie wird „Sori-bashi" genannt.

Unten:
Das rotbemalte Gebälk prägt die Bauten von Itsukushima.

Rechts:
Luftaufnahme der Gesamtanlage von Itsukushima in der Nähe von Hiroshima. Dem Mittelbau mit seinen beidseitig ausgreifenden Säulenhallen sind Plattformen für die heiligen „Kagura"-Tänze vorgesetzt, und weit hinausgestellt in die offene Wasserfläche ist das mächtige „Torii".

Links:
Ebenfalls in Itsukushima, gleichsam um die enge und freundliche Nachbarschaft zwischen Shintoismus und Buddhismus zu bezeugen, erhebt sich die fünfstöckige Pagode aus dem Jahre 1407. Daneben die „Halle der tausend Tatami" oder „Senjo Kaku", 1587 gestiftet von Toyotomi Hideyoshi.

Unten:
Ein „Kagura-Tänzer" auf der Plattform von Itsukushima, bekleidet mit den rituellen Gewändern und mit einer Maske vor dem Gesicht.

ler Musik begleitet, die von einer Gruppe von Priestern vorgetragen wird. Der Tänzer selbst, in ein prachtvolles Prunkgewand gekleidet, trägt eine Dämonenmaske. Diese shintoistischen Ritualtänze stellen sehr alte Schöpfungsmythen dar. Im Angesicht des Meeres vollzieht der „Kagura"-Tänzer auf einer offenen Plattform mit seinem Stab beschwörende Gesten, die das Heiligtum schützen sollen.

Dies sind die Zeremonien, die sich vor dem unvergleichlichen Hintergrund der Bucht von Miyamjima abspielen, gegenüber dem großen „Torii", das sich zum Meer öffnet. Und in diesen Riten der Shinto-Religion zeigt sich, wie tief Japan doch verwurzelt ist in seiner fernen Vergangenheit – wie um zu beweisen, daß dieses Land, das modernste des Fernen Ostens, keineswegs den Kontakt verloren hat zu seinen Ursprüngen, aus denen es immer wieder neue Kräfte schöpft. Dank dieser Verbindung von Vergangenheit und Gegenwart bewahrt Japan für uns das tiefe Geheimnis, das seine Kultur umgibt.

Kapitel III:

Nara, die Hauptstadt des Buddhismus

Auf dem in dieser Hinsicht sozusagen „jungfräulichen" Boden Japans sollte eine religiöse Invasion seine Geisteswelt tiefgehend prägen: seit dem 6. Jahrhundert n. Chr. breitet sich der Buddhismus, vom Festland kommend, auf diesen Inseln aus. Nach seinen Ursprüngen im weit entfernten Indien, ein volles Jahrtausend früher, und nach der Eroberung Chinas und Koreas faßt er nun Fuß in Japan. Bald ist er so stark, daß er frühere Gewohnheiten beeinflussen kann: das Beerdigungsritual in den „Kofun" wird ersetzt durch Einäscherung, und von 646 an sind Beisetzungen in den ausgedehnten königlichen Grabstätten förmlich untersagt.

Chinesische Missionare waren es, die Korea zum Buddhismus bekehrten . Die Eroberung der Inseln für diesen Glauben teilen sich Chinesen und Koreaner. Im Jahre 538 n. Chr. tritt der Buddhismus erstmals offiziell in Japan in Erscheinung. Zugleich mit den Worten Buddhas (den Sutras) finden chinesische Schrift und chinesische Architekturformen Eingang. Sie beeinflussen auf Dauer Kunst und Mentalität Japans.

Im Jahre 592 begann man mit dem Bau des heute verschwundenen Asuka-dera-Tempels, der sich in der Gegend des späteren Nara erhob. Sechs Mönche kamen dazu aus Paekche, einem der drei koreanischen Königreiche, begleitet von Zimmerleuten, Schmieden und Ziegelmachern. Sie führen für China typische architektonische Ausdrucksformen und Bautechniken ein. Die Gesamtanlage, mit rechteckiger

Einfriedung, durch die auf der Mitte der längeren Seite ein Tor einläßt, zeigt eine Mittelpagode, die rechts, links und hinten im Hof von drei Tempeln eingerahmt wird: ein symmetrischer und strenger Plan nach koreanischer Tradition, die ihrerseits wieder durch chinesische Tempel beeinflußt ist.

Diese Tempel sind aus Holz wie die Shinto-Schreine. Aber sie unterscheiden sich sehr wesentlich in der Zimmermannstechnik. Ihre Dächer sind nicht mit Stroh, sondern mit Ziegeln gedeckt, und ihre Ästhetik ist ausgerichtet auf neue Bestrebungen, gekennzeichnet durch ständige Verwendung von Konsolen, die vorkragende und freitragende Lösungen für die Dächer ermöglichte, für die wiederum die Aufwölbungen außen typisch sind.

Im 7. Jahrhundert wird die japanische Hauptstadt, auf dem Wege über die nach China entsandten Gesandtschaften tief beeinflußt durch kontinentale Strömungen, mehrfach verlegt. Es ist eine Zeit voller Schaffensdrang und Nachahmungseifer. So wird das 651 im Süden des heutigen Nara gegründeten Asuka 673 verlagert. Das Herrschaftszentrum wechselt noch zweimal die Gegend, ehe Heijo-Kyo, später Nara genannt, erbaut wird, dessen Grundriß ganz unmittelbar beeinflußt ist von jenem der Tang-Hauptstadt Chang-An mit ihrer schachbrettartigen Einteilung. 710 gegründet, wurde diese Hauptstadt schon 745 neu erbaut und verlor dann 794 ihre Bedeutung zugunsten von Heian-Kyo, dem heutigen Kyoto, das über tausend Jahre lang das kaiserliche Zentrum blieb, bis 1869 der Kaiser Meiji nach Edo zog, dem heutigen Tokio.

Der Bau des Horyu-ji-Tempels

Der Horyu-ji-Tempel bei Nara ist der älteste und höchstverehrte buddhistische Tempel Japans. 607 wurde ein erster Bau von aus China

Gegenüber, oben:
Eine der buddhistischen Tempelwächterfiguren – „Kongo-Rikishi" – vom Eingang des „Chumon" oder Haupttor des Horyu-ji-Tempels in Nara. Sie sind aus Ton mit Holzarmierung gearbeitet und entstanden im Jahre 711 unserer Zeitrechung.

Unten:
Eine Art von Bronze-Laterne steht in der Mitte des Hofes des Horyu-ji-Tempelbezirks. Dieses Detail seines Flachreliefdekors zeigt einen Drachen unter typisch chinesischem Einfluß.

Gegenüber, unten:
Luftaufnahme des heiligen Bezirks von Horyu-ji, des ältesten buddhistischen Tempels in Japan. Im Vordergrund in der Mitte das Haupttor oder „Chumon"; links die fünfstöckige Pagode, rechts der „Goldene Pavillon" oder „Kondo" – beide wurden noch vor 714 errichtet. Im Hintergrund schließlich die Versammlungshalle oder „Kodo". Man kann sehr gut die um 990 vorgenommene Erweiterung erkennen, die wegen des letztgenannten Gebäudes notwendig wurde und die Regelmäßigkeit der umgebenden Galerien stört.

Links:
Der Unterbau der fünfstöckigen Pagode und der „Goldene Pavillon". Hier haben wir die ältesten erhaltenen Holzbauwerke der Welt vor uns; stilistisch sind sie deutlich beeinflußt von der chinesisch-koreanischen Architektur ihrer Entstehungszeit.

Ganz oben:
Im Hof der Tempelanlage des Horyu-ji: links der „Goldene Pavillon", rechts die fünfstökkige Pagode, dazwischen das mächtige Haupttor oder „Chumon". Die asymmetrische Anordnung unterscheidet diese Kultstätte von ihren chinesisch-koreanischen Vorbildern.
Oben, links:
Detail vom Gebälk am „Goldenen Pavillon"; in der Mitte unten erkennt man die kleine Figur, welche die Konsolen trägt.
Oben, rechts:
Sehr deutlich erkennt man hier die Ziegelbedachung und auch das stützende Konsolensystem für das Gebälk an der Haupthalle („Kondo") des Horyu-ji in Nara.
Gegenüber:
Die berühmte „Kudara Kwannon" aus der Asuka-Zeit ist eine Statue aus Kampferholz mit Spuren ehemaliger Bemalung, die vielleicht von einem koreanischen Bildschnitzer geschaffen wurde. Diese Figur im Horyu-ji-Tempel ist 209 cm hoch und stammt aus dem 7. Jahrhundert n. Chr.

herübergekommenen Zimmerleuten errichtet. 670 wurden die Gebäude vom Blitzschlag eingeäschert. Aber der Wiederaufbau wurde sofort in Angriff genommen und war spätestens 714 beendet. Von Anfang an war der Grundriß asymmetrisch, im Gegensatz also zu dem vorangehenden in Asuka. Umgeben von einer rechteckigen Säulenhalle, 70 m lang und 50 m breit, findet sich rechts vom Haupttor oder „Chumon" die Haupthalle oder „Kondo", auch „Goldener Pavillon" genannt, und links die fünfstöckige Pagode. Dies sind die ältesten erhaltenen Holzgebäude der Welt. Später wurde dann die Einfriedung nach Norden erweitert, um im Jahre 990 den Bau der Versammlungshalle oder „Kodo" zu ermöglichen. Die gedeckten Galerien rings um den Horyu-ji mit ihren holzvergitterten Fensteröffnungen waren für das Ritual der Umwanderung bestimmt, das auf die ersten Stupas in Indien zurückgeht. Sie trennen die profane Welt draußen von den Kultgebäuden. Der Stil der Pagode und der Haupthalle des Horyu-ji verrät die Faszination der seinerzeitigen Japaner durch die damalige chinesische Kunst. Die Bauweise, die Konsolentechnik, selbst der Schmuck sind ein Widerschein der Tang-Kultur. Die Gesamtanlage zeigt eine außergewöhnliche Ausgewogenheit. Von dieser Architektur aus Holz und Ziegeln mit den steinernen Grundmauern strahlt Ruhe und heitere Gelassenheit aus. Diese Holzbau-

kunst ist geprägt durch eine ungeheuere Präzision und eine peinlich genaue Eleganz. Die Aufbauten der Haupthalle werden getragen von primitiven Gnomen als Atlanten. Ihre fratzenhaften Gesichter erinnern an jene der schrecklichen Tempelwächter, der „Kongo-Rikishi", dieser halb göttlichen, halb dämonischen Kriegergestalten. Die Dachstützen sind mit Drachen geschmückt, die sich nach typisch chinesischer Art um das Gebälk winden und die dem Gebäude ihren Schutz verleihen sollen.

In dieser Haupthalle befanden sich bis 1949 großartige buddhistische Gemälde. Ein Brand zerstörte diese verehrungswürdigen Zeugnisse, die zu den ältesten der Buddha gewidmeten Bildniskunst in ganz Japan gehörten. Glücklicherweise blieben wenigstens Fotos dieser Fresken des 8. Jahrhunderts erhalten, die ein Abglanz der Tang-Malerei waren. Die Werke zeigten die verschiedenen Erscheinungsformen Buddhas. Man sah das Reine Land des Shakyamuni (Beiname Buddhas), wo der von der Aureole umglänzte Erleuchtete herrscht.

Auch in bezug auf die Plastik sind die Schätze des Horyu-ji bedeutend. Hier sei besonders erwähnt die großartige Kampferholz-Statue der Kudara Kwannon aus dem 7. Jahrhundert, einer weiblichen Gottheit der Barmherzigkeit: die Stirn ist mit einer Krone aus Metall geschmückt, und es finden sich Spuren ehemaliger Bemalung.

Oben:
Der große Todai-ji-Tempel in Nara wurde 743 errichtet, um eine riesige Buddha-Statue aufzunehmen. Mehrmals von den Flammen vernichtet, wurde er zwar wieder errichtet, aber merkwürdigerweise als um ein Drittel verkleinertes absolutes Ebenbild des ursprünglichen Baus.

Rechts:
Trotz der Verkleinerung auf zwei Drittel seiner einstigen Maße ist der Todai-ji noch immer das größte Holzbauwerk der Welt. Sein Stil ist spürbar beeinflußt von jenem der chinesischen Tang-Zeit.

Todai-ji- und der Toshodai-ji-Tempel

Ein anderes ehrwürdiges Bauwerk in Nara, der große Todai-ji-Tempel, wurde 743 errichtet und gilt als die größte Holzkonstruktion der Welt. Im 12. und dann im 16. Jahrhundert abgebrannt und jeweils wieder nach gleichem Muster aufgebaut, bleibt dieser Tempel (obwohl er heute um ein Drittel kleiner ist als der erste Bau) ein gewaltiges Monument. In seiner großen Halle ragt die 17 m hohe und 550 t schwere Statue des Großen Buddha auf, des „Dai Butsu"; der Kopf allein ist 5 m hoch. In der Haltung des Lehrens und Empfangens, stammt dieser Buddha – Symbol der Verbindung zwischen der Lehre des Erhabenen und dem Shinto-Kult – vom Beginn des 18. Jahrhunderts.

Auch bei einem weiteren Tempel in Nara, dem Toshodai-ji, ist wie beim Horyu-ji der Einfluß Chinas zur Tang-Zeit spürbar. Tatsächlich ist der chinesische Priester Ganjin, 754 nach Japan eingeladen, Erbauer der Haupthalle mit ihren vollkommenen Proportionen. Mit seiner vorgesetzten Kolonnade und seinem nur sehr wenig aufgebogenen vierseitigen Dach hat das Gebäude in China selbst einen Doppelgänger: den Tempel Foguang-si in Wutai-shan (Shangsi), der auch genau das gleiche Konsolensystem hat.

Diese Haupthalle des Toshodai-ji birgt ehrwürdige Schätze der Skulpturenkunst des 8. Jahrhunderts. Die Buddhastatue, Werk eines chinesischen Bildhauers, der Ganjin nach Japan begleitete, zeigt den Herrn der Welt vor einer Aureole aus tausend kleinen Buddhas. Auf einer Lotusblume mit mehreren Reihen von Blütenblättern sitzend, blickt der Meister der Erleuchtung barmherzig herab.

Ganz anders dagegen ist die tausendarmige Kwannon, Sinnbild des allmächtigen Bodhisattva, Herrschers der Welt, Herr über Schöpfung und Tod: eine majestätische Statue, die Macht und Größe der allgegenwärtigen Gottheit darstellt.

In den Grünanlagen um den Toshodai-ji findet man außerdem die sogenannten „Kura", Bauten in Form herkömmlicher Speicher; sie

Ganz oben:
Hölzerne Buddhastatue am Eingang des Todai-ji-Tempels in Nara. In lebhaften Farben bemalt, trägt sie echte Kleider.

Oben:
Der „Dai Butsu" oder „Große Buddha" aus dem Jahre 1708 ist nicht weniger als 17 m hoch und wiegt volle 550 t. Er ersetzte einen bronzenen Vorgänger aus dem 8. Jahrhundert, zu dessen Herstellung nicht nur alle Metallvorräte des Landes nötig waren, sondern auch die Entwicklung einer neuen Technik, genannt „Igarakuri".

dienen zur Aufbewahrung heiliger Statuen und der Sutras. Der primitive Aufbau dieser Aufbewahrungsstätten für das Kultgerät und die hohen Pfosten, die gegen Feuchtigkeit schützen sollen, sind Anlehnung an bäuerliche Bauten des vorgeschichtlichen Japan.

Zwei Anmerkungen sind in bezug auf diese Tempel als Schlaglicht auf japanisches Denken notwendig. Einerseits nämlich wurden die ersten in Asuka errichteten Gebäude abgebrochen und nach Nara versetzt, als diese neue Hauptstadt zu Beginn des 8. Jahrhunderts gegründet wurde. Verblüffend also für uns, für die Architektur etwas Statisches ist, die wir Gebäude als „Immobilien" bezeichnen, als unbeweglich also – diese Tempel sind im Gegensatz dazu „mobil", diese Architektur bekommt sozusagen „Möbel-Charakter".

Andererseits bezieht man sich in Japan stets auf das erste Baudatum eines Tempels. So spricht man vom Todai-ji in Nara immer von einem Gebäude aus dem 8. Jahrhundert, ohne hervorzuheben, daß es im 12. und 16. Jahrhundert nach Bränden neu erbaut wurde. Diese Auffassung von Beständigkeit und Fortdauer erstaunt uns natürlich, deckt sich aber mit dem Verhalten in Ise, wo das Heiligtum als unveränderte Kopie alle zwanzig Jahre neu erbaut wird. Uns erinnert das eher an die Geschichte vom „ältesten Spaten des Landes" – das eiserne Blatt dreimal ersetzt, Stiel und Griff aus Holz fünfmal! Für den Japaner aber ergibt sich hier kein Widerspruch, diese Auffassung deckt sich mit seiner Vorstellung vom Zyklischen im Ablauf der Zeiten.

Daher sind die Tempel und Pagoden von Nara Quellen für die buddhistische Kunst Japans, zugleich wahre Museen der Tang-Kultur. Denn man spricht chinesisch am japanischen Hof zu dieser Zeit, und die japanische Nationalgeschichte, verfaßt im 8. und 9. Jahrhundert, ist in klassischem Chinesisch geschrieben.

Ganz oben:
Die „Große Halle" des Toshodai-ji-Tempels, ebenfalls in Nara, erbaut im Jahre 754 durch einen chinesischen Mönch.

Oben:
Detail zur Bauweise der „Kura" des Toshodai-ji: die Verzahnung der Balken an den Ecken.

Rechts:
Die „Kura" des Toshodai-ji, erbaut wie herkömmliche japanische Speicher, dienen zur Aufbewahrung des Kultgeräts.

Kapitel IV:

Kyoto, die neue Hauptstadt

Nach wechselvoller Entwicklung hatte sich schließlich der Buddhismus in Nara stärker erwiesen als der Shinto-Kult; er war zur Nationalreligion geworden, hatte den Totenkult übernommen und sicherte den Abgeschiedenen den Seelenfrieden. Aber er bot auch Anlaß zur Gewinnung weltlicher Güter; von der Philosophie des ursprünglichen indischen Buddhismus war man hier weit entfernt. Die sehr handfesten Dinge, die man von der Religion erwartete, machten sie auch zum Machtinstrument. Daher erlangten die Tempel und ihre Priester bald einen so starken Einfluß auf den Hof, daß der Kaiser die Hauptstadt verlegen wollte.

Detail vom Konsolensystem, das die Vordächer der Pagode in Daigo-ji in Kyoto trägt.

Die Niederlassung des Hofes in Heian-Kyo im Jahre 794 vollzieht sich wiederum nach einem gewissen Gründungs-Ritual in Verbindung mit Weissagungsbräuchen nach chinesischem Vorbild, ebenso wie der Grundriß der kaiserlichen Stadt unmittelbar auf jenen der Tang-Stadt Chang-An zurückgeht. Geschaffen, um dem Einfluß der Tempel zu entrinnen, zählt dann Kyoto tausend Jahre später dennoch nicht weniger als 1600 buddhistische Gebetsstätten. In der Heian-Epoche entwickeln sich neue religiöse Formen: die „Tendai"- und die „Shingon"-Richtungen. Es sind esoterische Zweige des Buddhismus, die stark auf Vertreibung des Bösen und Bittgebeten für Regen abheben, aber in denen auch vielfältige Dämonen eine Rolle spielen. Im 12. Jahrhundert wird dann die aus China herübergekommene „Chan"-Bewegung ihrerseits den Zen-Buddhismus hervorbringen und seine Versenkungsübungen, während zugleich Mönche in Japan den Tee und die umständlichen Zeremonien um seine Zubereitung und seinen Genuß einführen.

Diese Einflüsse vom Festland aber bestärken gewisse Patrioten, die um Japans Unabhängigkeit fürchten, in ihrem Widerstand gegen die Entsendung neuer Gesandtschaften nach China, wo im übrigen der Buddhismus im 9. Jahrhundert seinerseits Verfolgungen durch die letzten Herrscher der Tang-Dynastie erdulden muß. In der Zwischenzeit hat dagegen Japan seine politische und territoriale Einheit verwirklicht. Mit Hilfe von „Siedlersoldaten", die nach dem Vorbild der Legionäre des kaiserlichen Roms zwischen den Kämpfen das Schwert mit der Pflugschar vertauschten, konnte die Zentralregierung die „Barbaren" nach Norden treiben. Auf diese Epoche geht das Zurückweichen der Ainu nach Hokkaido zurück.

Erstmals wird sich das sich stark fühlende Japan der Fujiwara-Zeit, das so kräftig aus chinesischen und koreanischen Quellen geschöpft hatte, auf sich selbst zurückziehen. Drei Jahrhunderte lang schließt es sich gegen die Außenwelt ab und hält nur sehr losen und fast zufälligen Kontakt mit dem Festland über Mönchs-Missionare oder Kauffahrteischiffe. Künftig verarbeitet Japan fremde Einflüsse und entwickelt sie weiter, indem sie sie anpaßt und allmählich verändert, und gewinnt dadurch kulturelle Eigenständigkeit.

Die Fujiwara und ihr Einfluß

Vorhergehende Seite:
Inneres der „Großen Halle" oder „Kondo" des Toshodai-ji mit der Statue Buddhas als Weltenherrscher in der Mitte; diese wurde im 8. Jahrhundert von einem Bildhauer chinesischer Herkunft geschaffen.

Überall in Japan sieht man in dieser Zeit landwirtschaftliche Betriebe entstehen, deren Rentabilität rasch wächst dank technischer Verbesserungen und entsprechender Werkzeuge. Der Reisanbau blüht in den großen Ländereien. Die Steuern werden von den Häuptern der Adelsfamilien eingehoben, die den größten Teil davon für sich behalten. So entstehen riesenhafte Vermögen, die am Beginn der Zerstückelung der kaiserlichen Macht stehen.

In der Heian-Zeit reißt eine dieser Familien, die Fujiwara, die Regierung tatsächlich an sich, und zwar unter dem Namen der „Regentschaft", die den Kaiser sozusagen unter Vormundschaft stellt. Dieser beschränkt sich dann in der Tat auf die Teilnahme an Hoffesten und religiösen Zeremonien. Die Fujiwara waren über 250 Jahre lang die eigentlichen Herrscher: 850 macht Fujiwara Yoshifusa, selbst mit einer Kaiserin verheiratet, seine Tochter wiederum zur Kaiserin und ersinnt eine Lösung, die seiner Familie das Vermögen sichert und zugleich die Ausübung der tatsächlichen Regierungsgewalt.

Aber die Entmachtung der Kaiser hat ihren Grund auch noch in einer anderen, sehr viel älteren Erscheinung: der Bedeutung der religiösen Stiftungen, die wieder anwächst. Die Klöster gelangen in den Besitz großer Ländereien und werden zum Staat im Staate. Sie werden auch zur militärischen Macht, indem sie ihre Mönche bewaffnen oder Söldner anwerben; diesbezüglich werden sie zu Konkur-

Detail der hölzernen Konsolen, die das sogenannte System der „gestützten Kragkonsolen" bilden, deren jeweils wieder weiteres Vorkragen die Verwirklichung weit herausragender Dächer erlaubt wie eben an der Pagode des Daigo-ji; diese Bauweise ist chinesischen Ursprungs.

Die fünfstöckige Pagode des Daigo-ji, etwa 35 m hoch, ist das älteste erhalten gebliebene Gebäude von Kyoto. 951 errichtet, ist dieses tausendjährige Baudenkmal mit den elegant geschwungenen Dachumrissen ein Zeugnis der verfeinerten Kunst der alten kaiserlichen Hauptstadt.

renten des Landadels und nehmen an dessen Wettbewerb um die Erringung der regionalen Herrschaftsgewalt teil. Gegen Ende des 12. Jahrhunderts mündet das Feudalsystem in eine Militärdiktatur, das Shogunat, die dem Kaiser zwar rein juristisch und theoretisch seine bisherige Stellung beläßt, ihn aber in eine weitaus größere Abhängigkeit als je zuvor bringt.

Das Aufblühen der Kunst

Unter den Fujiwara werden Kyoto und seine Umgebung schöner und schöner, zahlreiche Paläste entstehen und unzählige reich bedachte religiöse Stiftungen, wo sich alle Künste entfalten, insbesondere eine Architektur, deren Ausdruck sich, obgleich auf chinesische Ursprünge zurückgehend, zusehends verselbständigt und verfeinert. Sie nimmt einen aristokratischen Zug an und eine besondere Anmut, die geprägt ist vom prunkvollen Leben am Hofe, wo Meisterwerke der Literatur und der Malerei entstehen und sich eine Kultur voller Raffinement und Feinsinnigkeit entwickelt.

Freilich bleiben die Grundzüge der Holzarchitektur mit Ziegelbedachung erhalten und damit die grundsätzliche Gleichartigkeit zwischen dem Haus des Bauern und des Bürgers und der entsprechend umfangreicheren und schöneren Behausung der Hofleute. Gleiche Einheitlichkeit besteht auch zwischen religiösen und weltlichen Gebäuden. Die Technik der Zimmermannskunst ist entscheidend für diese Holzarchitektur, für diese „Kunst aus Holz". Immer komplizierter werden die Formeln z.B. für die Bedachungen; das Konsolensystem, das die vorspringenden, an ihren Ecken graziös aufschwingenden Dächer trägt, verleiht Pagoden wie Palästen eine ausgesprochene Eleganz und schwebende Leichtigkeit.

Das älteste Gebäude von Kyoto, das uns erhalten blieb, ist die schöne Pagode des Daigo-ji, erbaut 951 durch den Gründer der Shingon-Sekte. Der sehr klare Umriß ihrer fünf übereinandergesetzten Dächer gipfelt in einer auffälligen Spitze, welche die Weltachse symbolisiert. Denn man muß sich daran erinnern, daß die Pagode mit ihren fünf Stockwerken aufgrund sehr weit zurückweichender und sehr ferner, nämlich indischer Ursprünge den Weltenberg Meru darstellt, den die Stadt der Götter krönt. Deshalb also ist die Pagode in bevorzugtem Maße der heilige Ort eines Tempels. Sie ragt zum Himmel auf wie eine heilige Burg; in einer Welt ständiger Bewegung kann die Pagode als ein Zapfen betrachtet werden, der Himmel und Erde verbindet. Sie gibt dem Universum Festigkeit und ist der Ort des Gleichgewichts, der Ausgewogenheit, die ein Beitrag der buddhistischen Religion zum Dasein der Menschen ist. Aber sie ist auch der Ort der Begegnung zwischen Kunst und Natur, die von so starker Wirkung auf die japanische Seele ist. Denn viele der Tempel standen einst mitten im Wald, am Rande der Kaiserstadt, um Andacht und Selbstbesinnung zu erleichtern.

Desgleichen sind manche herrschaftliche Villen, einst auch außerhalb der Stadt erbaut, erhalten geblieben, weil sie aufgrund frommer Stiftung in buddhistische Tempel umgewandelt wurden. In erster Linie gilt dies für den wunderbaren „Byodo-in" oder „Phönix-Pavillon" in Uji, zwischen Nara und Kyoto. Der Byodo-in wurde zwischen 1015 und 1020 erbaut von Yorimishi, dem Sohn des großen Fujiwara Michinaga, dem bedeutendsten Vertreter der herrschenden Familie. Zunächst von mehreren Mitgliedern dieser berühmten Familie bewohnt, wurde er dann umgewandelt in ein dem Amida geweihtes Kloster, dem meditierenden „Buddha des ewigen Lichts".

Dieser „durchsichtige Tempel", eine Art von Landsitz, ein spielerisch-raffiniertes Lustschloß unter betontem Einbezug der umgebenden Natur, ist das beste Muster für die von chinesischen Beispielen beeinflußte Adelsarchitektur. Mit seiner symmetrischen Anlage, seiner

Gegenüber:
Morgendämmerung über einem Flügelpavillon des Byodo-in in Uji. Ursprünglich als Landschloß der Familie Fujiwara in der Umgebung von Kyoto im Jahre 1015 errichtet, wurde dieser „Pavillon des Phönix" später in einen buddhistischen Tempel umgewandelt und Amida geweiht, dem Buddha des ewigen Paradieses.

Die Hoo-do oder „Phönix-Halle", der Mittelbau des Byodo-in in Uji, spiegelt sich in einem Teich inmitten der zauberhaften Gärten dieser Anlage.

Der großartige Buddha von Uji, „Amida in Meditation", vor einem fein ziselierten Nimbus auf einem Lotosthron sitzend. Diese von dem Bildhauer Jocho aus Holz geschaffene Statue zählt zu den bedeutendsten Zeugnissen der japanischen Kunst des 11. Jahrhunderts.

Die auf Pfähle gesetzten Seitenflügel, die der Byodo-in zeigt, haben diesem Bauwerk des 11. Jahrhunderts den Beinamen „Durchsichtiger Tempel" verschafft wegen der schwebenden Leichtigkeit seiner Bauweise.

gefälligen Gliederung und den wie Flügeln beiderseits des Hauptgebäudes ausschwingenden Galerien stellt der „Phönix-Pavillon", auch „Phönix-Halle" genannt, einen Höhepunkt japanischer Baukunst dar. Sich in den Wassern eines künstlichen Teiches spiegelnd, den ein mit vielhundertjährigen Bäumen bestückter Garten umgibt, symbolisiert er das Reine Land, das buddhistische Paradies, dessen Zeichen der unvergängliche Phönix ist. Denn der Grundriß des Baus gibt tatsächlich das Bild des Vogels mit ausgebreiteten Flügeln wieder. In der zentralen Halle, der Hoo-do (eben der „Phönix-Halle"), mit ihrem Dach in zwei Ebenen, steht eine der schönsten Buddha-Statuen Japans. Sie ist das Werk des Bildhauers Jocho, der dadurch berühmt wurde, daß er es in der Mitte des 11. Jahrhunderts verstand, dem Abbild des Erleuchteten zugleich göttlich-erhabene und doch von menschlicher Anteilnahme geprägte Züge zu verleihen. Amida (auch Amithaba genannt) ist hier, auf einem Sockel aus Lotosblüten, in Medidationspose dargestellt. Er ist von 52 musizierenden Apsaras oder himmlischen Nymphen umgeben; heute nur noch schlecht erhaltene Malereien stellen die verschiedenen Offenbarungen Buddhas dar.

Auch die Kinkaku-ji oder „Goldene Halle" war ursprünglich eine Villa, ein Lustschlößchen am Fuße eines bewaldeten Hügels. 1394 erbaut, ersetzte sie bereits einen ersten Bau aus dem 13. Jahrhundert und wurde 1408 in einen buddhistischen Tempel umgewandelt. Sie verdankt ihren Namen der Bedachung aus Blattgold, die allerdings mit dem Gebäude 1950 einer Brandstiftung zum Opfer fiel. 1955 wieder errichtet, bewahrt das Ebenbild des Originalbaus dennoch dessen Charme, der zum großen Teil dem umgebenden wunderbaren Garten zuzuschreiben ist. Am Ufer eines ziemlich großen Teiches mit Inseln, auf denen malerische Baum- und Sträuchergruppen aufragen, spiegelt diese „Goldene Halle" in den ruhigen Wassern, die wiederum in idyllische Grünflächen eingebettet sind, ihre drei mit anmutigen, grazilen Balkonen geschmückten Stockwerke.

In dieser ganzen Architektur, sowohl während der Nara-, Fujiwara- und Kamakura-Epoche (1185 – 1333) als auch der folgenden Muro-

Der elegante Bau des Byodo-in spiegelt sich im davorliegenden Teich. Dieses Bauwerk in der Tradition der chinesischen Adelsarchitektur unter den ersten Song-Kaisern blieb uns wunderbarerweise erhalten und ist eine der Perlen japanischer Kunst.

Sonnenaufgang, gesehen durch die Stützpfeiler des „Phönix-Pavillons" von Uji: im Morgennebel, der noch über dem Garten mit seinen vielhundertjährigen Bäumen liegt, enthüllt die schlichte Struktur des Palastes ihre volle schwebende Leichtigkeit.

machi-Zeit (1337 – 1573) spielen die Techniken der vorkragenden Gebälke oder Konsolen eine ganz entscheidende Rolle. Zum einen entwickeln sie sich zu einem äußerst komplizierten Modul-System, förmlich einer eigenen Wissenschaft, zum anderen dienen sie als unterscheidende Stilmerkmale wie etwa die „Ordnungen" oder „Stile" unserer alten Kunst. Jede Art der Zusammenfügung und des Aufbaus hat bestimmte Merkmale, so wie unsere Archäologen sie für dorischen, ionischen oder korinthischen Stil kennen, wo die Säule, ihre Basis und ihr Kapitell bestimmend für die Festlegung sind.

Die Bürgerkriege

In dieser fast überzüchteten Welt, die Heian unter den Fujiwara ist, stehen sich besonders zwischen 1123 und 1166 die Familien der Taira und der Minamoto in heftigen Auseinandersetzungen gegenüber. Die Kaiser werden nicht nur abgesetzt oder ziehen sich in Klöster zurück, sondern ihre Stellung ist schließlich rein theoretisch. Die Taira erringen schließlich die eigentliche Macht im Lande – die Fujiwara und die Minamoto schließen zwar 1159 eine Koalition, können sie aber zunächst nicht niederringen.

Die Machtergreifung des Minamoto Yoritomo, der sich den Titel Shogun verleihen läßt – d.h. Oberbefehlshaber, wörtlich „gegen die Barbaren" –, verbindet sich mit der Übersiedlung nach Kamakura. Die vereinigten Truppen schlagen schließlich 1185 jene der Taira. Die Militärregierung in Kamakura verschafft dann tatsächlich dem Land für mehr als ein Jahrhundert den Frieden, trotz der Bedrohung durch die Mongolen. Zugleich ist es eine Blütezeit des Buddhismus, die viele bedeutende Tempel entstehen sieht.

Kamakura wird dann wieder die Beute innerer Wirren etwa von 1300 an. 1333 wird die Stadt niedergebrannt, und bald geht das Shogunat an die Familie Ashikaga über – der Beginn der nach einem Vorort von Heian so benannten Muromachi-Zeit. Trotz einer dynastischen Spaltung in eine nördliche und eine südliche Linie, und obwohl überall der Bürgerkrieg wütet, ist diese Periode reich an Kunstschöpfungen. Aber die Anarchie, die einen Höhepunkt im Onin-Krieg von 1467 – 1477 erreichte, führte zur Zerstörung unzähliger Meisterwerke. Dieses Chaos herrscht mehr als hundert Jahre, während der Kyoto mehrmals geplündert wird – dabei bedeutet ihr erster Name Heian-Kyo „Hauptstadt des Friedens".

Während dieser ganzen Zeit gewinnt das Feudalsystem, dessen Ursprünge auf die Fujiwara-Zeit zurückgehen, zunehmende Bedeutung. Der Landadel, dessen Macht mit den Bürgerkriegen anwächst, begründet eigene Abhängigkeits- und Lehensverhältnisse, an deren Spitze schließlich in jeder Provinz die „Daimyo" („Große Namen") stehen und gegeneinander Krieg führen. Wir haben hier also etwa die gleichen Zustände wie es China zur Zeit der „Streitenden Reiche" erlebte. Gegen Ende des 15. Jahrhunderts haben Bauernaufstände, Hungersnöte und innere Kriege das Land an den Rand des Ruins gebracht. Die Atmosphäre kann etwa verglichen werden mit jener der gleichzeitigen Renaissance in Italien.

In dieser allgemeinen Anarchie hat nun sogar der Shogun alle Autorität verloren. Und das, was früher dem Kaiser geschah, der durch den Shogun seiner Macht beraubt wurde, erleben nun diese Oberbefehlshaber selbst, von ihren Truppen verraten und im Stich gelassen. Und doch hat dieses Jahrhundert „des Bluts, der Wollust und des Todes" überraschenderweise jene herrlichen, zartsinnigen Wunder der Kunst und des Raffinements hervorgebracht, welche die japanischen Gärten darstellen.

Am Ufer eines von Inseln durchsetzten künstlichen Sees erhebt sich der Kinkaku-ji, die „Goldene Halle" von Kyoto, erbaut 1394. Aber wir sehen hier nur eine peinlich genaue Rekonstruktion aus dem Jahre 1955, denn fünf Jahre vorher brannte das Gebäude ab. So setzen sich also die japanischen Traditionen des Wiederaufbaus bis in unsere Zeit fort, dank einer tausendjährigen Hochachtung vor den Werken der Vergangenheit und den „nationalen Schätzen".

Gegenüber:
Den Namen „Goldene Halle" verdankt der Kinkaku-ji den mit echtem Blattgold bedeckten Dächern seiner zwei Etagen. Man beachte die außerordentliche Eleganz dieser Dächer, die – wie beim Byodo-in – ein Phönix als Wappenvogel krönt.

Kapitel V:

Der Zauber der japanischen Gärten

Die Verzauberung, die japanische Gärten bei jeden bewirken, der zum ersten Mal diese besondere Kunstform entdeckt, beruht auf einer unmittelbaren Verführung, hinter der dann das Bewußtsein eines Geheimnisses, einer tieferen Bedeutung aufkommt, die stärker ist als das bloße Gefallen an einer malerischen Landschaft. Denn nichts ist weiter entfernt von der wahren Natur als diese künstliche „Natur", welche die Japaner entwickelt haben, um sich damit eine „Umwelt" zu schaffen.

Unter den Quellen, die zur Begründung dieser Kunst beigetragen haben, muß man an erster Stelle jene tiefe Liebe zur Natur erwähnen, die der japanischen Seele seit jenen ersten Äußerungen innewohnt, die sich ebenso im shintoistischen Pantheismus wie im geheimnisvollen Reinen Land, dem buddhistischen Paradies, kundtut, dessen Vorstellungwelt Träume, Denken und Meditation der Weisen beschäftigt. Aber auch hier darf man, wie bei der Architektur oder der Literatur, den Einfluß Chinas nicht unterschätzen. Denn es bestehen in der Tat sehr enge Nachbarschaften zwischen den chinesischen Gärten der Tang- und der Song-Epoche und den frühesten Beispielen japanischer Gärten, die uns überliefert sind. Unter anderem weiß man etwa, daß der Mönch Ensai (1141–1215) von seinen Aufenthalten in chinesischen Chan-Klöstern eine neue Anschauung der Welt mitbrachte: den Zen-Buddhismus. Dessen Einfluß auf den japanischen Gartenstil ist außerordentlich bedeutsam. Und es vergeht auch wirklich nur sehr kurze Zeit, bis der erste japanische Meister dieser Kunstdisziplin, ein gewisser

Herbstlaub des Ahornbaumes. Dieser Baum wird von den Japanern wegen der lebhaften Färbung seiner Blätter besonders geschätzt.

Rechts:
Der japanische „Trockengarten" wurde von Mönchen des Zen-Buddhismus erfunden. Typisch für ihn sind die „Sandwogen", die – allmorgendlich nach uraltem Schema neu geharkt – die Wellen des Meeres symbolisieren.

Vorhergehende Doppelseite:
Die vom Zen beeinflußten Gärten des Tofuku-ji in Kyoto sind das Werk eines Meisters der Gegenwart, Mirei Shigemori, der 1938 ihre Wiederherstellung in Angriff nahm, nachdem sie seit dem Brand, der im Jahre 1881 die Tempel vernichtet hatte, brachgelegen waren. Unter Rückgriff auf alte Dokumente und im Geiste des 13. Jahrhunderts verstand es dieser „Gartenmeister", seinen vergänglichen Werken das Aussehen früherer Anlagen zu geben. Man erkennt hier eine schildkrötenförmige moosüberwucherte „Insel", die hinter den regelmäßigen Linien der Pfeiler einer Galerie aufragt. Zwischen dem Plattenbelag und dem moosigen Miniaturhügel erkennt man die für vom Zen beeinflußten „Trockengärten" so typischen Linien des geharkten Sandes.

Als „Inseln der Seligen" werden die im Garten des Tofuku-ji bei Kyoto inmitten des Sandmeeres aufragenden Steine bezeichnet. Jeder Felsbrocken wurde sorgfältig unter Tausenden ausgesucht, kunstvoll in Berücksichtigung seines besonderen Umrisses aufgestellt und den anderen feinfühlig zugeordnet im Hinblick auf die Versinnbildlichung des buddhistischen Paradieses.

Yoshitsune Gokyohoko, verstorben 1206, gegen Ende des 12. Jh. seine Vorstellungen zu diesen Dingen niederlegt im „Sakutei-Ki" („Notizen zur Anlage von Gärten"); Pierre Rambach, der Übersetzer, nimmt an, daß er sich dabei auf eine bereits im Jahre 1040 erschienene Abhandlung stützt. Es handelt sich hier um eine ganze Sammlung von „Empfehlungen", die den Gartenschöpfern gegeben werden, damit sie auf harmonische Weise die verschiedenen Bestandteile jener künstlichen Miniatur-Landschaften miteinander kombinieren, die dann den Rahmen für das tägliche Leben der Herrenschicht oder der Ausgangspunkt für die Versenkungsübungen der Mönche bilden sollten.

Wir haben es also hier mit einer Überlagerung verschiedener Kulturstömungen zu tun: zum ersten der stark religiös geprägten Bedeutung von Bäumen, Felsen, Bergen und Quellen, die der Shintoismus des frühen Japan diesen beilegt; zum zweiten dem Eindringen chinesischer Auffassungen im Hinblick auf den „Lustgarten", dem die südliche Song-Dynastie eine außerordentliche Verfeinerung gab; und schließlich den Ideen des Zen, das beide Traditionen miteinander verband.

Was aber ist denn nun eigentlich das Zen, auf das wir uns hier – und auch in der Folge noch des öfteren – beziehen? Es handelt sich hier, innerhalb der buddhistischen Glaubensrichtung, um eine besondere Art der Meditation, um nicht nur auf persönlicher Ebene zur Erleuchtung zu gelangen, sondern auf allgemeine, uneigennützige Weise, welche die Einzelpersönlichkeit mit der Gesamtheit verbindet. Buddha Shakyamuni ist der Erleuchtete, der große geschichtliche Meister, welcher den Menschen das Gesetz brachte. Durch ein musterhaftes, beispielgebendes Leben versucht der Anhänger des Zen, sich in den vier Haupttugenden zu vervollkommnen: der Bescheidenheit, der Einfachheit, der Tiefe und der Kraft. Er möchte in das Geheimnis der Welt eindringen dank vollkommener Wahrnehmung, die auch das

Von der Tempelterasse aus bietet der „Trokkengarten" des Tofuku-ji, dessen Sandfläche vor dem mit Moos bewachsenen Bezirk liegt, eine Fülle lebhaftester Kontraste.

Ganz oben:
In einer Landschaft aus Felsen, Moosen und Wasserpflanzen am Rande kleiner Tümpel führt der Leitweg durch den Garten über Brücken aus scharf behauenen Steinblöcken, die einen starken Gegensatz bilden zu den ganz natürlich belassenen Felsen, die im Tofuku-ji raffiniert zusammengestellt wurden.

Irrationale einbezieht. Sein Ideal liegt nicht im Besitz, im Reichtum, im Prunk. Er weist den Gedanken an Götter oder Götzen zurück zugunsten eines ganzen Systems von Zeichen, die ihm helfen sollen, sein Ziel zu erreichen. Daher rühren jene skizzenhaften, andeutungsvollen, zurückhaltenden Kunstformen, die sowohl in der Dichtkunst wie in der Malerei als auch in der Anlage von Gärten eine wahre Zeichensprache bilden. Die geistige Freizügigkeit des Zen schließt dabei eine strenge Ordnung und einen Sinn für die Etikette nicht aus, die sich z.B. in der Tee-Zeremonie ausdrückt, einer Art von Zustimmung zur materiellen Welt. Sie vollzieht sich als Suche nach der Ausgewogenheit. Daher hat sie sowohl die Militärgesellschaft der Samurai angezogen wie die Mönche der Rinzai- und der Soto-Sekte.

Die Bestandteile der Landschaft

Es wurde schon erwähnt, daß der japanische Garten eine Art von künstlicher Landschaft in verkleinertem Maßstab ist. Er soll daher so vollständig wie nur möglich alle Bestandteile einer echten Landschaft enthalten. Aber das Ausmaß seiner Abstraktion kann schwanken zwischen einer einfachen Verkleinerung natürlicher Vorlagen und der Zusammenstellung von fast entstofflichten Andeutungen und Symbolen. Um deutlicher zu werden: der Garten kann ebensowohl in verkleinertem Maßstab einen von Hügeln oder Bergen umgebenen See wiedergeben mit Zwergbäumen (den „Bonzai") und winzigen Bächen, über die Brücken wie für Puppen führen, als auch mit Hilfe von Kieseln und Sand die Weite des Meeres mit seinen Inseln und Klippen andeuten. Zwischen diesen beiden Extremen können alle Abstufungen von „Naturalismus" ausgedrückt werden in diesem ganz von Menschenhand geschaffenen Mikrokosmos. Immer aber enthält der Formenschatz dieser japanischen Gärten wenigstens jene drei Bestandteile der buddhistischen Himmelswelt: Meer oder See, Insel und Berg.

Inmitten der östlichen Meere oder des kosmischen Ozeans erhebt sich aber jeweils die Insel der Seligen oder der Meru, der Götterberg der indischen Glaubenswelt. Und für das Bewußtsein Nippons ist diese Insel stets Japan selbst, als Sinnbild hinausgehoben über das Reale.

Aber diese Landschaft wird zusehends bereichert von immer neuen Elementen mit immer ausgefeilterer symbolischer Bedeutung: dem Fluß mit Wasserfall und Brücken aus Holz oder Stein, kieselbesäten Ufern oder Stränden, vor allem aber Felsen der verschiedensten Arten und Formen, teils als Wiedergabe von Bergspitzen aufgestellt, teils aus dem Wasser aufragend als Riff – abgeschliffene Kiesel oder Schieferplatten oder seltsam geformte Blöcke, Muster jener „durchlöcherten Steine", welche die chinesischen Sammler begeistern. Aber es handelt sich immer um Steine, die von der Natur so geformt wurden und nicht von Menschenhand und die hingebungsvoll und sorgsam ausgewählt wurden von den „Meistern der Gärten". Dazu kommen steinerne Leuchten entlang der Pfade, die den Besucher in der Dämmerung leiten sollen, zugleich aber im Buddhismus Sinnbild für die Seele sind. Diese Sprache der Gärten, welche die Natur kopiert, um ihr Wesen wiederzugeben, wird schließlich vervollständigt durch Grünanlagen, die Moose, Steingartengewächse und Sträucher ebenso umfassen wie Farne, Kräuter und Seerosen.

Der Symbolismus

Die japanische Gartenkunst besteht voll und ganz darin, auf eng umgrenztem Raum eine Zusammenfassung der verschiedensten Landschaftsformen zu geben, mit überraschenden Blickwinkeln, Ausblicken und Verkürzungen und mit Perspektiven von aufeinanderfolgenden

Ganz unten:
Ein schachbrettartiges Arrangement aus Sand und Moos, von Mirei Shigemori 1938 im oberen Garten des Tofuku-ji geschaffen. Links bilden streng beschnittene Azaleenbüsche einen räumlich betonten Kontrapunkt zur rechtwinkligen Anordnung der ebenen Fläche im Vordergrund.

Eine Anordnung aus Steinpfeilern in einem Sandmeer, das als „Bucht" in eine Moosfläche hineinragt. Dieser Mikrokosmos des Tofuku-ji, bewegt durch die kunstvollen „Wellen" des Sandes, läßt einen Eindruck von Weite entstehen.

Der „Chumon" – die Haupttorhalle – des Daitoku-ji in Kyoto („ji" = Tempel). Diese weitläufige Gründung von Zen-Mönchen stammt aus dem Jahr 1324, doch wurde 1479 ein großer Teil der Gebäude neu errichtet, und auch während der folgenden Jahrhunderte gab es Neu- und Umbauten. Er ist Sitz der Rinzai-Sekte der Zen-Bewegung, und seine Gärten zählen zu den berühmtesten Japans.

Ebenen, die trotz der Begrenztheit der Flächen den Eindruck der Unendlichkeit erwecken. Durch diese künstlichen Landschaften will man Seelenzustände ebenso wiedergeben wie tatsächliche Eindrücke, will man der Träumerei ebenso Raum schaffen wie der Versenkung. Durch den Anstoß des Zen überholt der Symbolismus die Natur so stark, daß als Raum, der dem mystischen Traum als Ausgangspunkt dient, der Teich ersetzt wird durch die erstarrten Wogen eines sorgfältig geharkten Ozeans aus Sand und daß sich die bewaldeten Inseln reduzieren auf einen einzelnen Felsbrocken, der wegen der Sanftheit seiner Linien oder der Kühnheit seines Umrisses aus Tausenden ausgewählt wurde. Der winzige Garten erhält so den Anstrich einer Mondlandschaft, ja förmlich außerirdische Dimensionen. Auf diese Weise findet eine Verwandlung des Gartens statt, bei der die Liebe zur Natur schließlich umschlägt in deren Ablehnung: eine mineralische Welt ersetzt die Vegetation, die künstliche Dünung sorgfältig ausgesuchter und ausgerichteter Kiesel ersetzt das lebendige Gewoge der Wellen. Eine auf Zeichen reduzierte Natur soll der stärkeren Konzentration auf das Wesentliche dienen, diesem ewigen Wechselspiel von Yin und Yang im tausendjährigen China... Und so konnte der sandig-felsige und abgeschlossene Übungsplatz für die Samurai sich zu den großartigen „Trockengärten" des Zen entwickeln, konnte diese Verbindung von mystischer Versenkung und ritterlichen Künsten eben nur in Japan entstehen.

Aber die Verbindung von Gegensätzen besteht auch auf der Ebene der magischen Verwurzelung dieser Gärten. Sie wird begleitet von einer wahren Wissenschaft der Weissagung und Vorherbestimmung aufgrund gewisser Linien und Figuren im Sand, um die guten Geister auf einen bestimmten Platz herbeizuziehen und dessen Bewohner von bösen Einflüssen freizuhalten. Der „Gartenmeister" ist also zugleich eine Art von Zauberer mit weitreichenden Verantwortlichkeiten. Er beherrscht nicht nur die Natur, sondern auch die „Kami", die

Naturgottheiten, die dort leben und weben; er mengt die Lebenskräfte des Wassers und der Erde, er handhabt Widersprüche und Ergänzungen. Man muß darauf hinweisen, daß sich die Naturverbundenheit der Japaner ähnlich gekünstelt und geziert darstellt wie etwa die der Franzosen des 18. Jahrhunderts – denken wir zum Beispiel an einen Garten von Le Nôtre. Und wenn auch die beiden Ausdrucksformen äußerst gegensätzlich sind, so sind sie doch beide ganz auf das Künstliche gegründet – mit dem Unterschied, daß der Park von Versailles den Triumph des Menschen darstellen will durch rechtwinklige und symmetrische Ausrichtung, während der japanische Palast- oder Klostergarten den menschlichen Einfluß verwischen möchte durch ein Trugbild der Natur, wo alles frei, zufällig erscheint.

Man darf aus dem Vorhandensein strenger Regeln für die Anlage solcher Gärten – wie sie etwa das „Sakutei-Ki" aufzeigt – nicht schließen, daß sich daraus eine Monotonie der Schöpfungen ergibt. Im Gegenteil, eine ständige Mahnung des Meisters ist, daß der Gartenarchitekt sich erfüllen lassen muß vom „Geist des Ortes". Der dafür von den Japanern verwendete Ausdruck ist „Fuzei", was unter anderem die Achtung für die Besonderheit und Ausstrahlung einer

Der Brunnen im Daisen-in, wo die Priester das Wasser für die Teezeremonie holen.

Der zweite Teil des Gartens im Daisen-in, wo der langsam dahinströmende Fluß (aus Sand) sich zwischen Felsen durchwindet, die links das „Boot der Reichtümer" und rechts unten das „Schlafende Tier" darstellen.

Der kleine Innengarten des Daisen-in mit seinem Brunnen, seinen Felsen und seinem Sandmeer, auch „Ozean der Ewigkeit" genannt.

Gegenüber, unten:
Der berühmte „Trockengarten" des Daisen-in am Daitoku-ji wurde 1509 geschaffen und 1961 restauriert. Er wird von den einen Soami zugeschrieben, von den anderen dem Gründer des Klosters, Kogaku Sotan. Die aufrechtstehenden, von Kamelien umgebenen Steine rahmen den trockenen „Wasserfall" ein, dessen rasche „Wirbel" unter einer Steinbrücke hindurch der „Kranichinsel" zutreiben.

bestimmten vorgegebenen Landschaft ausdrückt, denen sich ein Garten unterordnen muß.

Darüber hinaus bedient sich die Gartenkunst eines lebenden Stoffes, der sich in ständiger Wandlung befindet: die Pflanzen und Bäume wachsen, die einen sterben ab und müssen ersetzt werden, die anderen werden größer und verändern damit ihr Verhältnis zu ihrer Umgebung. Und nicht einmal die „Trockengärten" sind unveränderlich: der Rechenstrich des Gärtners, in der Morgendämmerung vor dem Eintreffen der ersten Besucher gezogen, wird keine zwei Mal gleich sein, selbst wenn die Regeln dafür unabdingbar feststehen.

Aber eine besondere Art der Dauerhaftigkeit garantiert dennoch, daß über Jahrhunderte hinweg diese Formen erhalten bleiben: das Zeugnis alter Skizzen oder Holzschnitte erinnert an das frühere Aussehen eines Ortes zu der und jener Zeit, und Dichter und Schriftsteller haben die berühmten Gärten besungen. Dies erlaubt heutigen Meistern die Restaurierung lange aufgegebener Stätten im Geiste ihrer Schöpfer, etwa eines Sesshu oder Soami, der Wortführer der Zen-Kunst gegen Ende des 15. und im 16. Jahrhundert.

Gegenüber, oben:
Der Hauptsaal des Daisen-in beim Daitoku-ji zeigt herrliche Beispiele von „Fusuma" oder Kulissen-Bildern, „einfarbige" Tusche-Malereien von Soami (1472–1523) nach der Zen-Methode.

Gegenüber, unten links:
Der Miniatur-Trockengarten neben dem grossen Saal des Daisen-in mit seinen vom Sandmeer umspülten „Inseln".

Gegenüber, unten rechts:
Einer der konischen Sandhügel im „Garten ohne Hände und Füße" des Daisen-in, der das „Meer des Morgens" darstellt. Hier schlägt die Liebe zur Natur in deren absolute Verneinung um.

Der Formenreichtum

Um die außerordentliche Vielfalt der Ausdrucksformen zu zeigen, die sich in der japanischen Gartenkunst findet, müssen wir uns dennoch auf wenige typische Beispiele beschränken. Diese umfassen sowohl „Trockengärten" wie Ensembles verschiedener Moosarten, andere Grünflächen und sogar Wälder und Teiche. Diese Auswahl erstreckt sich zeitlich vom 12. Jahrhundert bis in unsere Zeit mit gewissen Höhepunkten aus dem 16. Jahrhundert. Dabei sind aber auch Wiederherstellungen jüngsten Datums von hohem Interesse, denn sie enthüllen eine Fortdauer der japanischen Empfindsamkeit.

Über die hier in diesem Kapitel im Bild gezeigten Gärten hinaus

Künstlich ausgehoben, zählt der schöne Oshidori-See aus dem 12. Jahrhundert zu den bedeutendsten Stätten der Landschaftsgartenkunst in Kyoto. An seinen von dichtem Bewuchs gesäumten Ufern entlang kommt man zum berühmtesten der japanischen „Trockengärten": dem Ryoan-ji.

erinnere man sich an die weiter oben erwähnten Beispiele um den Byodo-in und den Kinkaku-ji. In den folgenden Kapiteln wird man außerdem die kurz erwähnten Gärten von Nijo finden und besonders die großartigen Anlagen der Villa Katsura, deren Einfluß in ästhetischer Hinsicht, so gewichtig ist, daß es nicht übertrieben schien, ihr ein eigenes Kapitel zu widmen.

Der 1236 gegründete Tofuku-ji, der Haupttempel der Zen-Sekte Rinzai, erfuhr zahlreiche Verschönerungen, bis er zu einer der schönsten Stätten von Kyoto wurde; unglücklicherweise hat ein Brand im Jahre 1881 die Gebäude verwüstet. Nach ihrem Wiederaufbau wurden sie mit zwei Gärten geschmückt, die 1938 von Mirei Shigemori in höchster Feinsinnigkeit geschaffen wurden. Ebenso der untere „Trockengarten" wie der obere Promenadengarten und die Ahorngehölze, welche die prächtige Anlage für die Mönche säumen, geben einen Begriff von der vielfältigen Palette der japanischen Landschaftsgärtnerei: im Sandmeer aufgestellte Felsen; Schachbrettfelder, im Wechsel aus Sand und Moos; Steinbrücken und streng geschnittenes und ausgerichtetes Gehölz.

Mit dichtem Moos, aus dem einige Felsen aufragen, ist der Boden des Waldes in unmittelbarer Nachbarschaft des Ryoan-ji bedeckt. Zur Hervorhebung des starken Kontrastes gegenüber der asketischen Anlage des Zen-Gartens wurde dieser Hain nahe beim Tempel angelegt.

Die Bevorzugung des Zen-Geistes

Was den Daitoku-ji in Kyoto betrifft, dessen Gründung im Jahre 1319 erfolgte und der eine Zen-Gemeinschaft beherbergt, so wurde er 1479 erneuert und 1509 bereichert durch das köstliche Ensemble seiner „Trockengärten", die den 1961 restaurierten Daisen-in bilden. Mit seinem erstarrten Wasserfall, der den mineralischen, vom Horai-Berg oder dem „Gebirge der Seligen" herabstürzenden Wildbach unterbricht, enthält der Daisun-in all die typischen japanischen Symbole, wie die große Schildkröten-Insel, die Kranich-Insel, das Boot der Reichtümer und die Brücke des Daseins. Zwischen zwei Gebäuden entwickelt plötzlich eine winzige Fläche mit Hilfe von drei Steinen und geharktem Sand für jenen, der in die Geheimnisse der Versenkung eingeweiht ist, kosmische Dimensionen... Wie beim „Garten ohne Hände und Füße", gebildet aus zwei kleinen Sandhügeln von streng konischer Form, handelt es sich hier um Schöpfungen, die bald Soami, der auch sehr schöne Schiebetüren-Bilder („Fusuma") gemalt hat, zugeschrieben werden, bald dem Gründer des Tempels selbst, dem Priester Kogaku Sotan.

Doch der berühmteste der „Trockengärten" Kyotos, der alle Möglichkeiten der geistigen Ausprägung des Zen zur Geltung bringt, ist zweifellos der Ryoan-ji. Noch ehe man den eigentlichen, 1473 begründeten Tempel betritt, kommt man an einem herrlichen Teich vorbei, der bis auf das Jahr 1189 zurückgeht und das Werk von Tokudai-ji Sanesada ist. Diesem künstlich angelegten Oshidori-See, der uns wie ein äußerst reines Werk der Natur selbst erscheint, folgen Gartenlandschaften, in denen sich Ahorngehölze mit Azaleen auf Moosteppichen mischen. Als echteste Verkörperung des Zen soll der „Garten der fünfzehn Steine", der Soami zugeschrieben wird, bis etwa auf das Jahr 1500 zurückreichen. In fünf Gruppen zusammengefaßt, sind diese Felsbrocken, von ein bißchen Moos eingerahmt, feinfühlig auf eine Fläche von nicht mehr als zehn auf dreißig Meter verteilt. Aber diese geringe Ausdehnung macht es dennoch möglich, wahrhaft ozeanische Ausmaße erfühlen zu lassen. Die Gliederung dieser Steine in Gruppen von drei, fünf und sieben Blöcke ist Ausdruck einer Reihe von Abstraktionsübungen, die den Zen-Mönchen auferlegt wurden.

Aus dieser unwandelbar flachen Oberfläche, betont durch mehr oder weniger herausragende Akzente, entsteht unbestreitbar eine gewisse Hypnose für die Betrachter. Hier erreicht man den Gipfel der Widersprüchlichkeit: vom Garten bleibt nichts als die unbelebte Materie, und alle Vegetation – mit Ausnahme karger Streifen kümmerlichen Mooses – ist dem Blickfeld entzogen. Doch diese karge Landschaft begeistert nicht weniger als der durchsichtige Wald, durch den man Ryoan-ji verläßt und wo man wieder wohltuendes Grün trifft.

Ganz unten:
Detail einer von Moos umwucherten Felsgruppe aus dem Ryoan-ji.

Der Ryoan-ji, ebenfalls dem Soami zugeschrieben, ist zweifellos der typischste Ausdruck des Zen-Gedankens in der Gartenkunst. Inmitten eines sorgfältig geharkten Sandmeeres erheben sich fünf Gruppen von mit Moos umsäumten Steinen (nur drei davon zeigt diese Aufnahme) und bilden die Grundlage für Versenkungs- und Denkübungen, die auf der Zahlenmystik der Ziffern drei, fünf und sieben aufbauen, die wiederum zusammen die Summe der hier verwendeten Felsblöcke ergeben.

Kapitel VI:

Die Zeit der großen Heerführer

So wie sich hier vor dem geröteten Himmel die Silhouette einer japanischen Burg abzeichnet, ist es auch im übertragenem Sinne: diese ausdrucksvollen und schönen Bauten entstanden vor dem Hintergrund einer von Feuer und Blut geröteten Zeit.

Die Schwertblätter oder Tsubas geben den japanischen Künstlern Gelegenheit, ein außerordentliches Gefühl für das Dekorative zu entwickeln (Sammlung Champoud, Bremblens).

Gegenüber:
Himeji-jo, die schönste japanische Burg, wurde zum größten Teil von Hideyoshi und dann von Ikeda Terusama im 16. und 17. Jahrhundert erbaut.

Nach dem Onin-Krieg sind die Provinzen eine Beute des Chaos, und innere Kämpfe verwüsten das Land. Das ist der Zeitpunkt, zu dem die ersten Portugiesen nach Japan kommen. In ihren Schiffen bringen sie Feuerwaffen mit, die ersten, die in der Inselwelt Eingang finden. Die Japaner zögern nicht, sich für solche Waffen zu interessieren – zu einer Zeit, da die Samurai, mit ihren gefürchteten Schwertern bewaffnet, sich um große Königreiche schlagen wie die Condottieri der westlichen Welt. Nur sechs Monate nach der Landung der Portugiesen in Japan im Jahre 1543 hatte man bereits sechshundert Luntenmusketen den wenigen Exemplaren nachgebaut, die man von den Ankömmlingen käuflich hatte erwerben können.

Drei ritterliche Gestalten

In diesem tüchtigen und kultivierten Japan, das jedoch in politischer Hinsicht willenlos dahinschwankt, bietet sich die Chance, die Macht an sich zu reißen. Eine legendäre Persönlichkeit ergreift die Gelegenheit dazu – Oda Nobunaga (1534 – 1582). Er ist der Sohn eines kleineren Regionalherrschers, dessen Besitz zwischen Kamakura und Kyoto liegt. Geschickt erweitert er seine Herrschaftsbereich, bis er auf einen mächtigen Nachbarn trifft, Imagawa Yoshimoto, der an die 25000 Mann zur Eroberung Kyotos um sich sammelt. Aufgrund seiner Kenntnis des Kampfgebietes und mit seinem ausgeprägten Sinn für Strategie bringt Nobunaga mit nur 3000 Mann seinem Gegner im Jahre 1560 eine vernichtende Niederlage bei. Von da an ist sein Ruf als Feldherr besiegelt, und zahlreiche „Daimyo" schließen sich ihm an. Er erfaßt, daß nun für ihn die Stunde gekommen ist, seine Macht über das ganze Land auszudehnen. 1568 zieht er in Kyoto ein, besetzt es und vereint von da an sozusagen die Gesamtheit Japans in seiner Hand, sich dabei heftig den Buddhisten widersetzend, die verzweifelt ihre Vorrechte und Ansprüche verteidigen. Er umzingelt das Kloster des Hiei-Berges, das sich gegen ihr erhoben hat, und läßt dort voller Grausamkeit 20000 Menschen über die Klinge springen. 1580 hat er alle Mönche unter Vormundschaft gestellt und der militärischen Macht der buddhistischen Klöster ein Ende gemacht.

Um den buddhistischen Mönchen ein Gegengewicht entgegenzusetzen, empfängt Nobunaga höchst leutselig die ersten Jesuiten-Missionare. Für ihn, der absolut atheistisch eingestellt ist, sind religiöse Bewegungen nichts als Figuren auf einem großen politischen Schachbrett; er läßt daher christliche Missionen auf dem Boden Japans Fuß fassen.

Der Tod Nobunagas mit nur 49 Jahren war um nichts weniger dramatisch, als sein Leben abenteuerlich war. Von einem seiner Vertrauten verraten, wird er auf seinem Wohnsitz zunächst von einem Pfeil getroffen. Er reißt diesen heraus, verteidigt sich mit einer Lanze und zieht sich dann, ein zweites Mal getroffen, in seine Privatgemächer zurück. Diese zündet er dann, so wird berichtet, selbst an und begeht, nachdem er Frau und Kinder erwürgt hat, in den Flammen seines Palastes Harakiri.

Sein Nachfolger wird sein getreuer General Toyotomi Hideyoshi (1536 – 1598), der seine Politik fortsetzt. Er kam aus dem Bauernstand und hatte seine Laufbahn als einfacher Soldat begonnen,

verfügte aber über ganz ungewöhnliches politisches Geschick – die Japaner sehen in ihm ihren größten Staatsmann überhaupt. Seine Intelligenz führte diesen Bürgerlichen auf den Gipfel der Macht. Es gelingt ihm, das ganze Inselreich wieder der Autorität eines Einzelnen zu unterwerfen, was zwei Jahrhunderte hindurch nicht möglich gewesen war. Er betreibt eine Landreform und wirkt auch tief auf die gesamte Sozialordnung ein, indem er z.B. den freien Berufswechsel untersagt, um dem ständigen Anwachsen des Soldatenstandes zu begegnen. 1592 stürzt er sich in Eroberungspläne – er will Korea besetzen, und sein Fernziel ist es, „aus Japan, Korea und China ein einziges Reich zu bilden". Doch diesmal scheitert er, auch bei einem zweiten Anlauf im Jahre 1597.

Im Gegensatz zur toleranten Politik seines Vorgängers gegenüber den Christen untersagt Hideyoshi die Tätigkeit der Jesuiten und läßt sogar in Nagasaki 26 Christen hinrichten. Ein Jahr darauf stirbt dieser große Organisator, der die Armee reformierte, die Landverteilung neu ordnete, Handel und Gewerbe förderte und vor allem das Land einte, im Alter von 61 Jahren.

Nun soll die Macht einem anderen General Nobunagas zufallen, Tokugawa Ieyasu, einem Gefolgsmann Hideyoshis. Aber der Adel lehnt sich auf, und im Jahre 1600 muß Ieyasu in der Schlacht von Sekigahara sich den aufrührerischen Landsherren stellen. Er schlägt seine Gegner, die nach Berichten der Geschichtsschreiber 40000 Tote auf dem Schlachtfeld zurückgelassen haben sollen. Drei Jahre später wird er vom Kaiser zum Shogun ernannt; schon 1598 hatte Tokugawa Ieyasu Edo, das heutige Tokio, zu seiner Residenz erwählt. Nunmehr zum Regierungssitz des Shogun geworden, überflügelte die Stadt bald Kyoto an Bedeutung. Dennoch schickt, um die Form zu wahren und um

Gegenüber, oben:
Dieser reich ornamentierte Dolch zeigt die Kunstfertigkeit der japanischen Schmiede, die zur Zeit der Samurai den besten Stahl der Welt schufen, dessen Herstellungsgeheimnisse erst die wissenschaftlichen Methoden des 19. Jahrhunderts enthüllen konnten (Sammlung der Fondation Baur, Genf).

Links:
„Burg des weißen Reihers" ist der Beiname der Himeji-Burg, deren Hauptturm oder Donjon mit seinen wuchtigen, eingangslosen Fundamenten aus behauenen Steinen sich 50 Meter hoch erhebt.

Treue und Ergebenheit zu bekunden, Ieyasu Gesandtschaften an den Kaiser, der weiterhin in Kyoto residiert.

Tokugawa Ieyasu stirbt 1616, doch schon 1605 hat er die Nachfolgefrage geregelt: sein Sohn Tokugawa Hidetada soll ihm als Shogun folgen. Damit hat er eine Erbfolge begründet, in deren Verlauf noch bis 1867 sein fünfzehnter Nachfolger an der Macht sein wird, am Vorabend der Meiji-Zeit. 1637 wird in Shimabara blutig eine Revolte christianisierter Bauern niedergeschlagen, und in der Folge werden zunächst die Portugiesen (die diese Revolte angeblich unterstützt oder gefördert haben sollen) des Landes verwiesen und dann alle anderen Ausländer. Das Land schließt sich nach außen ab: den Japanern wird verboten, sich ins Ausland zu begeben; das schon 1616 erlassene Verbot des Anlegens fremder Schiffe wird verschärft und strikt eingehalten. Die Einfuhr westlicher Bücher wird ebenso untersagt wie die Erlernung und der Gebrauch von Fremdsprachen. Das Japan der Tokugawa-Epoche wird hinter verschlossenen Türen leben bis zur Ankunft der Schiffe des amerikanischen Commodore Perry im Jahre 1853.

Die Zeit der Burgen

Das 16. Jahrhundert ist in Japan die Zeit, in der sich jeder Provinz- oder Ortsherrscher seine Burg erbaut. Nobunaga ließ die von Azuchi errichten und Hideyoshi jene von Osaka und Fushimi, die einen tiefen und nachhaltigen Einfluß auf die Entwicklung der verschiedensten Künste in Japan ausüben.

Die Burg von Himeji, oder das Himeji-jo, am Inneren Meer gelegen, ist das schönste Beispiel dieser Festungen, das uns erhalten blieb; seit dem 14. Jahrhundert hatte man daran gebaut und es bis zum Beginn des 17. vervollkommnet. Die „Burg des weißen Reihers" – wie man sie wegen einer gewissen Ähnlichkeit ihres Umrisses mit der Silhouette des Vogels der Reisfelder nennt – reckt

Eine ganze Reihe von steilen Anstiegen und befestigten Toren bilden ein wahres Labyrinth um den Hauptturm der Himeji-Festung.

Gegenüber, unten:
Ausschnitt aus der Dachregion des Hauptturms der Himeji-Burg mit den ziegelgedeckten Giebeldächern.

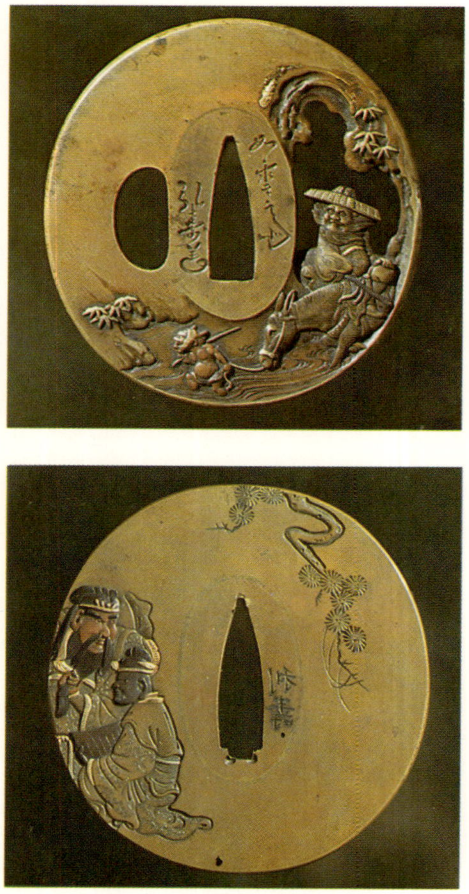

Vorder- und Rückseite eines Tsuba aus dem 17. Jahrhundert (Sammlung Champoud, Bremblens).

Oben rechts:
Typisch für die Anordnung der Palastgebäude des Nijo-jo in Kyoto ist die stufenförmige Reihung. Dieser Befestigungsteil, Nino Maru genannt, entstand unter Leitung des als „Schiedsrichter in Fragen des Geschmacks und der Schönheit" betrachteten Ästheten Kobori Enshu (1579–1647) und wurde von der Schule der Kano, den „Hofmalern" der großen Shogune, ausgeschmückt, vor allem von Kano Tanyu.

ihren Hauptturm hoch in den Himmel und spiegelt sich, die Stadt überragend und mächtig beherrschend, in den Wassern der sie umgebenden Gräben.

Es ist der Schwiegersohn des Tokugawa Ieyasu, Ikeda Teramasa, welcher der Himeji-Burg das Aussehen gab, das sie heute noch bietet. Mit seinem Gewirr von Mauern, Toren und Verteidigungstürmen wirkt das Bauwerk uneinnehmbar hinter seinen mehrfachen Umwallungen. Es zeigt ein vielfältiges Verteidigungssystem, in dem sich militärische Traditionen aus der Samurai-Zeit mischen mit Neuentwicklungen der Befestigungskunst aufgrund des Aufkommens der Feuerwaffen. So wird etwa ein Angreifer, der den Haupteingang erreichen will, dem Kreuzfeuer der zu seiner Rechten konzentrierten Verteidiger ausgesetzt. Eine starke Steigung vor dem Tor macht den Einsatz eines Rammbockes schwierig.

Hat der Angreifer dieses erste schwere Hindernis überwunden, so sieht er sich hinter der großen Mauer dem breiten Wasserbecken gegenüber, das sowohl als Trinkwasserreservoir der Verteidiger dient, als auch zur Verteidigung der zweiten Ummauerung beiträgt. Bis er zum Hauptturm gelangt, ist er jedoch dem Feuer von weiteren Mauern herunter ausgesetzt, muß er weitere Tore erstürmen und weitere Rampen erklimmen, entlang eines unendlich scheinenden Irrwegs, auf dem ein Belagerer verwirrt werden soll: Fallen locken ihn in Sackgassen, überall sind Musketenschlünde auf ihn gerichtet, Zickzack-Aufstiege, die im Feuerhagel der Hilfsbastionen liegen, und gewundene Zugangswege führen zu neuen schießschartenbewehrten und stark befestigten Toren. All diese Schwierigkeiten muß ein Eindringling überwinden, ehe er zum Hauptturm gelangt – aber das Allerschwierigste kommt erst noch: die letzte Zuflucht der Verteidiger erhebt sich auf grandiosen Steinwällen ohne jede Öffnung. 50 m hoch ragt dieser Hauptturm auf und blickt mit seinen hölzernen, weiß verputzten Etagen, seinen gezimmerten Giebeln und übereinandergestaffelten Dächern verächtlich auf den Feind herab.

Aber die Burg enthält auch Paläste, wo eine glänzende und über-

Gegenüber, ganz oben:
Die Wassergräben um das Nijo-Schloß von Kyoto, erbaut von 1603 an durch Tokugawa Ieyasu.

Die sehr schönen Gärten des Nijo-Schlosses in Kyoto, vor kurzem restauriert, werden im allgemeinen dem großen Kobori Enshu zugeschrieben, der seinen bedeutenden Einfluß auch bei der Erbauung des Katsura-Palastes ausübte.

Die Karatsu-Keramik geht zurück auf Töpfer, die Hideyoshi von seinem Feldzug nach Korea mitbrachte, und zeichnet sich aus durch das typische feine beigefarbene Craquelé, auf dem sich schematisierte Motive entfalten. Zurückhaltung hinsichtlich der Ausdrucksmittel und Schönheit des Materials kommen in dieser flachen Schale aus dem 17. Jahrhundert, auf der Schilfrohre dargestellt sind, besonders gut zur Geltung.

Diese Schale aus mehrfarbig bemaltem und teilweise vergoldetem Porzellan aus Nabeshima zeigt einen Wandschirm, Herbstblumen und eine Hofdame. Die Blüte der Nabeshima-Kunst fällt in das 18. Jahrhundert. (Sammlung der Fondation Baur, Genf).

feinerte Hofwelt lebt, die sich sorglos den Spielen widmet, die ihr beliebtester Zeitvertreib sind.

Wie immer es sei: die Unbezwingbarkeit dieser Burg war so offensichtlich, daß niemals jemand auch nur den Versuch unternahm, sie zu erstürmen. Daher blieb sie völlig unversehrt bis in unsere Tage erhalten.

Was die Nijo-Burg (meist als Nijo-Schloß bezeichnet) oder das Nijo-jo in Kyoto betrifft, von Tokugawa Ieyasu von 1603 an errichtet und dann 1624 – 1626 erweitert, so verfügt sie ebenfalls über ein eindrucksvolles Verteidigungssystem, dessen Hauptgewicht auf mächtigen Wällen über breiten Gräben liegt. Aber der regelmäßige, rechtwinklige Grundriß dieser Anlage – mit einem zweiten Wassergraben innerhalb des äußeren, der die im 18. Jahrhundert niedergebrannte Hauptbefestigung des sogenannten Hon-Maru umgab – geht auf chinesische Vorbilder zurück.

Auch die ebenfalls durch ihr Craquelé auffallende Shino-Keramik hat die gleichen Grundlagen wie die Keramikkunst von Karatsu. Sie führt zarte, gedämpfte Farben und unregelmäßige Formen ein, die an die Vergangenheit vor Erfindung der Töpferscheibe erinnern. Dieses Stück stammt aus dem 17. Jahrhundert (Sammlung der Fondation Baur, Genf).

Die erhalten gebliebene zweite Befestigung, die Nino-Maru genannt wird und in der Bauteile aus der von Hideyoshi errichteten Burg von Fushimi wiederverwendet wurden, ist Zeugnis einer Baukultur, wie sie von den großen Heerführern geschätzt wurde. Die Empfangssäle des Shogun sind mit wundervollen Malereien dekoriert, welche die Schiebetüren schmücken („Fusuma" genannt); sie stammen von der sogenannten Schule der Kano, einer berühmten Maler-Dynastie, auf die wir im Kapitel über den Nishi-Hongan-ji von Kyoto ausführlich eingehen werden.

Aber diese zugleich grausame und empfindsame Epoche läßt auch die japanische Keramikkunst zu voller Blüte gelangen. Diese Entfaltung ist wesentlich auf die Expedition des Hideyoshi nach Korea zurückzuführen. Der Eroberer bringt von dort Töpfer mit, welche die berühmte Keramik von Karatsu und Shino entwickeln.

Im Jahre 1615 ordnet Tokugawa Ieyasu die Zerstörung aller Burgen an, mit Ausnahme einer einzigen in jedem Distrikt, die als Sitz der Verwaltung erhalten bleiben soll. Daher überdauerten von einigen tausend mittelalterlichen Burgen Japans nur etwa 200 bis auf unsere Tage. Die Zeit der Burgen ging mit der Einigung des Landes zu Ende.

Kapitel VII:

Das Wohnhaus und sein Schmuck

Das traditionelle japanische Haus – ob es sich um ein Bauern- oder ein Bürgerhaus handelt, um einen Palast oder ein Kloster – ist stets nach den gleichen Prinzipien gebaut. Es ist eine Behausung aus Holz, bisweilen mit Schilf oder Rinde gedeckt, bisweilen mit Ziegeln über dem Gebälk. Das Bauwerk zeichnet sich aus durch Pfeiler, welche die Konstruktion vom Boden abheben. Das Dach wird von stets im gleichen Abstand befindlichen Pfosten getragen, die eine Art von gleichbleibendem regelmäßigem Modul oder Raster bilden. Zwischen diesen Pfosten breiten sich Wände aus Ölpapier aus, das auf einen Rahmen gespannt ist, der sich entweder seitlich oder nach oben verschieben läßt, etwa in der Art unserer Schiebefenster (die sogenannten „Shoji"). Um den dürftigen Abschluß nach außen, der durch diese dünnen durchsichtigen Wände gegeben ist, zu verbessern, setzt man oft an die Außenwand eine Art von „Pufferzone" durch Einschub eines galerieähnlichen Flurs, der die innen gelegenen Wohnräume abschirmt. Diese sind wiederum voneinander getrennt durch Wände aus Papier und Schiebetüren („Fusuma"), die es gestatten, die Größe der Räume auf die jeweiligen Erfordernisse abzustimmen. Der Boden ist mit Reisstrohmatten gedeckt, den „Tatami", deren Format von etwa 90 x 180 cm genormt und auf die Größe eines Schlafplatzes abgestimmt ist. Auf einer etwa 5 cm hohen Polsterung bilden diese geflochtenen und gesäumten Matten Felder am Boden, deren Anordnung und Muster dem Raster der Pfosten angepaßt sind und damit in der Tat einen prägenden Grundrahmen des japanischen Hauses ergeben und so einen wichtigen Beitrag zu dessen Harmonie leisten.

In den persönlichen Gemächern findet man im allgemeinen einen erhöhten Schlafplatz oder Alkoven („Tokonoma"), durch den sie als „Kuro-shoin", „private Arbeitsräume" gekennzeichnet sind; die privaten Wohn- oder Empfangsräume, „Shiro-shoin", sind nur spärlich möbliert. In der Mitte des Hauptwohnraumes findet man eine Vertiefung im Boden, die als Feuerstelle benützt werden kann. Kohlenbecken dienen zur Erwärmung der Luft, vor allem aber zur Bereitung des heißen Wassers für die Tee-Zeremonie. Vor den Wohnräumen findet man oft eine Art von Veranda, einen Raum im Freien, aber unter Dach. Dies ist der „Hiro-en", der eine Art von Übergangszone zwischen der eigentlichen Behausung und den Gärten schafft.

Diese ganze leichte Architektur auf Pfeilern ist einer streng recht-

No-Maske, welche die Figur des Ko Omote darstellt in dieser besonderen Form des Theaters aus dem 14. Jahrhundert, die Schauspieler, Berufstänzer, traditionelle Musik und prunkvolle Gewänder in einer faszinierenden Synthese verbindet (Sammlung Champoud, Bremblens).

Ein Flügel des Nishi-Hongan-ji-Tempels in Kyoto, des Zentrum der amidistischen Jodo-Sekte. Diese weitläufige Anlage – der Sitz dieser Stiftung wurde 1591 nach Kyoto verlegt – sollte zu einem der wichtigsten buddhistischen Stätten in der alten Kaiserstadt werden.

winkligen Ordnung unterworfen, die dem Raum eine große Ruhe verschafft. Wegen der in Japan sehr häufigen Erdbeben aus Holz erbaut, breiten sich diese Wohnstätten stets nur ebenerdig aus. In den Klöstern und Palästen können die verschiedenen Gebäude durch Gänge oder Passagen miteinander verbunden sein, die ebenfalls auf Pfeilern ruhen und manchmal überdacht sind.

Es besteht also eine grundlegende Einheitlichkeit in der japanischen Architektur hinsichtlich der Bauweise. Die Materialien und Bauformen bleiben stets die gleichen, ob es sich nun um ein bescheidenes Bauernhaus, ein prächtiges fürstliches Gebäude, die Behausung eines bedeutenden Klostervorstehers oder ein winziges Teehaus handelt, das einsam und verloren in freier Natur steht. Nur die Feinheiten der Ausführung und der Schmuck oder die Ausstattung machen den Rangunterschied des Bewohners und die aufgewendeten Mittel deutlich.

Das Stein-Arrangement im Hiro-en des Nishi-Hongan-ji mit seinem freien Fluß der Strömungen im bewußten Gegensatz zur Strenge der rechtwinkligen Architektur.

Der Tempel des Nishi-Hongan-ji in Kyoto

Ausgehend von bedeutenden Beispielen, die im Tempel des Nishi-Hongan-ji in Kyoto vereinigt sind, wollen wir nun die Entwicklung verfolgen, welche Malerei und Architekturdekoration in Japan genommen haben. Der Nishi-Hongan-ji zählt zu den am meisten verehrten Tempeln von Kyoto und erhebt sich mitten in der Stadt. Er ist eine Gründung des Priesters Shinran aus dem Jahre 1224 und wurde 1591 von Higashiyama nach Kyoto übertragen. Der Tempel ist das Zentrum der amidistischen Jodo-Shinsu-Sekte, für die das Heil nur durch die Gnade Amidas zu erlangen ist.

Sowohl von Hideyoshi als auch von Ieyasu gefördert, birgt der Tempel eine ganze Reihe von Malereien höchster Qualität und insbesondere zweifellos einige der besten Schöpfungen der berühmten Kano-Schule. Im Nishi-Hongan-ji wurde auch der Audienz-Saal des

Ganz oben:
Der Hiro-en (die gedeckte Veranda, die den Übergang bildet vom Draußen zum Drinnen) vor den Abts-Gemächern des Nishi-Hongan-ji. Links erkennt man den Plattenbelag aus unbehauenen Blöcken, die den Ausgleich vermitteln sollen zwischen dem Niveau des Gartens und dem erhöhten Boden auf Pfeilern, sowie den Wasserbehälter für die Tee-Zeremonie.

Hideyoshi aus seinem Momoyama-Palast wiedererrichtet: der sogenannte „Taimansho", wo sich der Hohe Rat versammelte. Er zählt zu den bedeutendsten Werken der „offiziellen" Architektur Japans. Die Gemächer des Abtes stammen aus den Schlössern des gleichen Diktators in Osaka und Fushimi und enthalten wunderschöne Sepia-Malereien auf den „Fusuma". So bildet der Nishi-Hongan-ji eine Art von Museum der Architektur und Malerei in der prunkvollen Zeit der großen Heerführer, also im 16. und 17. Jahrhundert.

Die einfarbigen Malereien des Yamato-e

Wie schon oben erwähnt, hatte der Buddhismus vom Beginn seiner Einführung in Japan an die Entfaltung der Künste und insbesondere der Malerei begünstigt. Die heute verlorenen Werke des Horyu-ji legten davon seit Anfang des 8. Jahrhunderts Zeugnis ab. Desgleichen zeigen die Szenen, die im Byodo-in das buddhistische Paradies zeigen, die Meisterschaft der Künstler des 11. Jahrhunderts. Aber dort sind es stets chinesisch-koreanische Beispiele, die als Quelle dienen.

Zwei schöne bemalte „Fusuma" aus den Abts-Gemächern des Nishi-Hongan-ji. Diese Malereien im Stil der Zen-Zeichnungen stechen durch eine außerordentliche Sparsamkeit der Mittel und Motive hervor: im Nebel versinkende Landschaften, verwitterte Kiefern, bescheidene Hütten. Der Künstler (vielleicht ist es der berühmte Eitoku Kano) erschafft ein ganzes Universum mit einigen wenigen Tuschestrichen, die er auf das Papier dieser Schiebetüren wirft.

Oben rechts:
Ein kleiner Raum aus den Abts-Gemächern im Nishu-Hongan-ji, bestimmt für die Tee-Zeremonie. Man erkennt hier die geöffneten Schiebetüren, die im linken Bild im Detail gezeigt werden. Am Boden die Reisstrohmatten um die für die Tee-Zeremonie hergerichtete Feuerstelle. Große Schlichtheit beherrscht die ebenso strenge wie verfeinerte Gestaltung.

Mit dem Aufblühen der Zen-Malerei im 13. Jahrhundert erlebt man dagegen eine Entfaltung, die mehr und mehr vom japanischen Charakter geprägt ist. Gewiß finden sich Prototypen in der Kunst der südlichen Song, welche die Ausdrucksformen der Tuschzeichnung entwickelt haben. Aber Japan glänzt ganz besonders in dieser aus der Meditation hervorgegangenen Kunst. Mit einigen auf das Papier geworfenen Strichen erschafft der Zen-Meister ein Universum, wo die leeren Flächen übrigens oft wesentlicher sind als die Linien selbst. Mit lebhaften Pinselstrichen in impressionistischer Art bringt er den Raum zum Schwingen, verleiht den kargsten Formen Leben und gibt ihnen außerordentliche Ausdruckskraft. Diese Art von Zeichnung scheint das bloß Zufällige mit strengster Meisterschaft zu vereinen. Das Bild wird wieder zum Zeichen, und dieses wiederum führt hin zur Kalligraphie. Die Sparsamkeit der Mittel, der synthetische Charakter der Darstellung lassen das Bild abmagern zum entfleischlichten Strich.

Diese Art der Zen-Zeichnung erfährt im 16. Jahrhundert eine vergrößerte Übertragung: sie wandert vom Skizzenblatt zu den großen Flächen der Schiebetüren („Fusuma"), ohne etwas von ihrer Prägnanz zu verlieren. So spiegeln die Landschaften im „Shiro-shoin", den Privatgemächern des Abtes, im Nishi-Hongan-ji weiterhin die für die Meditation bestimmende Kargheit, obwohl sie alle rein religiösen Themen aufgeben und sich auf die Erschaffung natürlicher Räume

Im Chrysanthemen-Saal des Nishi-Hongan-ji verbreiten die sogenannten „Shoji", Wände aus durchscheinendem Ölpapier, milde und gedämpfte Helligkeit. Diese verschiebbaren „Fenstertüren" führen auf eine gedeckte äußere Galerie. Am Boden die traditionellen „Tatami".

beschränken mit ihren gewundenen Bäumen, ihren bescheidenen Hütten im Vordergrund und ihren weiten Ausblicken, die sich im Nebel verlieren.

Die Räume des Oberhauptes der Sekte sind der Bereich einer hohen Vergeistigung. Die Kunst dort ist andeutend und lebt allein aus dem Wechsel der einfarbigen Farbnuancen mit dem Untergrund des Papiers. Sie gibt eine bereinigte Darstellung der Natur, beschränkt auf das Allernotwendigste, um noch erkennbar zu bleiben. Sie bringt die leeren Flächen zum Klingen und das Schweigen zum Tönen. Es ist eine Traum-Malerei, wo Schilf und Kiefern sich mit blühenden Apfelbäumen und alten Baumstrünken im herbstlichen Nebel vermischen.

Aber Japan beschränkt sich natürlich nicht auf einfarbige Malerei. Die Farben erscheinen in der Illustration erzählender Werke, wie etwa der großen Romane des mittelalterlichen Japan. So entfaltet sich etwa auf den Rollen des Genji oder Genji-Monogatari (der „Geschichte vom Prinzen Genji"), aus dem Jahre 1004 stammend und zweifellos das berühmteste von allen, in zahllosen Versionen eine vielfarbige und lebhafte Kunst und ergänzt die von einer Ehrendame einer Kaiserin des Hofes von Heian geschriebene Erzählung. Mit ihrer seltsamen

Die Abts-Gemächer im Nishi-Hongan-ji: die geschlossenen oder geöffneten „Fusuma" gestatten Veränderungen der Raumgröße und schaffen den Eindruck eines freien Grundrisses. Rechts die Nische mit den Wandschränkchen und Wandbrettern („Tana"), die asymmetrisch angeordnet und in die Wand eingelassen sind; über den „Fusuma" links beachte man die schönen „Oberlichter" aus Flechtwerk in geometrischen Motiven.

Vogelperspektive ordnet sich die Kunst des Yamato-e in langen hozizontalen Kompositionen auf Papierstreifen, wo Abschnitte und Pausen die Szenen einteilen, die sich über Dutzende von Metern erstrecken.

Die Schule der Kano

Unten links:
Der „Kuro-shoin" oder private Arbeitsraum des Abtes (oder Hohenpriesters) im Nishi-Hongan-ji, neben den offiziellen Räumen gelegen, enthält sehr schöne „Fusuma"-Malereien des berühmten Kano Tanyu; sie zeigen in einfarbiger Darstellung ländliche Landschaften. Von besonderem Reichtum sind auch die „Oberlichter" darüber mit ihren geschnitzten Blumengirlanden.

Die Zeit der großen Diktatoren verlangte nach Künstlern, um rund um die Beherrscher des Landes einen Rahmen von Prunk und Glanz zu schaffen, um deren Bedeutung ins rechte Licht zu rücken. Burgen und Paläste des 16. und 17. Jahrhunderts wetteifern an Luxus und Schönheit. Die Malerei, bisher auf einzelne Tafeln und Wandschirme beschränkt, wird sich in weiten Kompositionen ausbreiten, ebenso aber der persönlichen Räume annehmen.

Bei dieser Aufgabe wird sich ein Geschlecht großer Maler, die Kano, besonders auszeichnen. Es beschenkt Japan mit einem absolut ein-

maligen Stil. Es handelt sich hier um eine Form der Malerei, die sich zusehends bereichert durch zunächst gedämpfte, dann immer lebhaftere Farben und schließlich reich Gebrauch macht von Blattgoldhintergründen. Im gleichen Grade also, wie die Abmessungen der Gemälde wachsen, nimmt auch ihre ausstattungsmäßige Pracht zu. Gewiß war der Zugriff zu Farben und Gold auch schon in der „Yamato-e" genannten Malerei vorgekommen; aber niemals hatte diese die Weite der Monumentalgemälde angestrebt, welche die Kano schaffen sollten. Wenn „Yamato-e" schon „japanische Malerei" kennzeichnet, dann verdient die Kunst der Kano um so mehr diese Bezeichnung, denn dieses Malergeschlecht, das annähernd 200 Jahre lang die japanische Kunst beherrscht, bringt den malerischen Ausdrucksformen Japans ungewöhnliche Reife und Meisterschaft. Die Künstler dieser Familie erreichen die Verbindung aller früheren Erfahrungen und entwickeln einen Sonderstil von seltener Kraft.

Oben rechts:
Wenn man die „Fusuma" des „Kuro-shoin" öffnet, blickt man in eine Folge hintereinanderliegender Räume. Hier ist auch deutlich zu erkennen, wie stark jedes einzelne Element dieser Schiebewände für sich wirkt, auch wenn die das Gesamtbild ergänzenden Teile zur Seite geschoben sind.

Gegenüber, oben:
Der Pfauensaal im Nishi-Hongan-ji zeigt eine bewundernswerte mehrfarbige Ausmalung, geschaffen von Kano Hidenobu im 17. Jahrhundert. Die gewundenen Kiefern und die Felsen links sind ebenso wie der blühende Pflaumenbaum rechts, hinter dem sich ein Bach in die Tiefe der Landschaft schlängelt, mit ihrem blattgoldbelegten Hintergrund charakteristisch für die prunkvolle Ausstattungskunst zur Zeit der großen Shogune.

Gegenüber, unten:
Die gleiche Ecke aus dem Pfauensaal, diesmal mit geöffneten „Fusuma", wodurch der angrenzende „Koro-shoin" mit seinen einfarbigen Malereien einbezogen wird. Auch hier wieder werden die Vorzüge dieser leichten und beweglichen Architektur deutlich, bei der man die Raumgrößen nach den jeweiligen Bedürfnissen beliebig verändern kann.

Begründer dieser Malerdynastie ist ein gewisser Kano Motonobu (1476–1559), der aus der chinesischen Tradition der Tuschemalerei schöpft. Aber schon Eitoku Kano (1547–1590) führt, nachdem er sich zunächst an den einfarbigen Werken seines Vorgängers orientiert hatte, die Farben in die Monumentalkunst der Momoyma-Zeit ein. Eitoku leitet, von Oda Nobunaga 1573 gerufen, die Dekorationsarbeiten am Azuchi-Palast, dem der Diktator ein Verwaltungszentrum anfügt. Dann arbeitet er von 1583 an für Hideyoshi und führt die prächtigen Ausschmückungen des Schlosses von Osaka aus.

Nach dem Tod des großen Künstlers fährt dessen Sohn Kano Mitsonobu fort, für Hideyoshi im Schloß von Fushimi „Fusuma" zu bemalen. Als Ieyasu 1603 an die Macht kommt und sich in Edo (Tokio) niederläßt, spaltet sich die Malerfamilie der Kano. Sadanobu Kano bleibt der Kopf der Malerschule von Kyoto, während Morinobu, genannt Tanyu (1602–1674), den Zweig von Edo anführt. Dennoch

macht er drei Besuche in Kyoto, wo er das Schloß Nijo-jo ausmalt und die Räume mehrerer Tempel, etwa des Daitoku-ji. Aber neben diesen drei Häuptern zählt die Sippe der Kano, die sich unaufhörlich um Schüler und Nacheiferer erweitert, viele bedeutende Künstler.

Die Ausdrucksformen der Kano

Wenn man sich nun beschäftigt mit den Ausdrucksformen dieser Kano-Schule im Licht ihrer Hauptwerke und ganz besonders im Hinblick auf die Tafeln der „Fusuma" im Tempel Nishi-Hongan-ji, dann kann man feststellen, daß sich die Vorliebe dieser Künstler auf zwei Themengruppen verteilt: zum einen auf Naturdarstellungen, zum anderen auf Szenen mit Menschen. Die letzteren sind wesentlich geprägt von den für die chinesischen Maler der Ming-Dynastie typischen Formen. Sie zeigen offizielle Zeremonien, Begegnungen hoher Würdenträger, seltener dagegen Volksszenen. Wir wollen uns daher hier stärker mit der Landschaftsmalerei beschäftigen.

Die Landschaftsmalerei, um die es im Hinblick auf die Malerei der Kano geht, ist geprägt durch eine strenge Auswahl von Motiven, aus denen das Bild dann aufgebaut wird. Denn es ist keineswegs die wirkliche Landschaft – die „Zeichnung nach der Natur" –, welche die Künstler interessiert, sondern eine erfundene Welt, die nach festen Regeln und aus vorgegebenen Stücken zusammengebaut wird. Man wählt bestimmte Motive aus (oft genug übrigens die gleichen wie in den Gärten), und errichtet daraus kunstvoll eine eigenen Welt: es sind dies Kiefern, Bambusgehölze, Chrysanthemen, malerische Felsen, Seen mit Sandbänken; in diesem Rahmen tummeln sich dann einige Vögel: Adler, Störche, Kraniche, Wildgänse, Enten, Fasanen und ein paar Sperlinge. Mit Hilfe von Baumstrünken und alten verkrüppelten

Der Storchensaal oder „Kono-ma" war der Audienzsaal des Hideyoshi im Schloß Momoyama; nach dem Tode des großen Shogun wurde er in den Nishi-Hongan-ji übertragen. Er zeigt eine der schönsten Schöpfungen der Kano-Kunst, ebenso bewundernswert wegen der Weite der Komposition wie durch den ausgeprägten Sinn für das Dekorative. Die Malerei scheint sich eigentlich hinter den teilenden Längs- und Querbalken zu entwickeln; der Goldhintergrund verleiht dieser Landschaft mit der mächtigen knorrigen Kiefer durchsichtiges Licht.

Dieser Ausschnitt aus dem Storchensaal macht deutlich, wie sehr die Maler der Kano-Schule es verstanden, jede Einzeltafel als geschlossene Einheit zu behandeln trotz ihrer Einbindung in die Gesamtkomposition. Hier wird die Schwierigkeit noch verstärkt dadurch, daß wegen der Höhe des Raumes mit zwei Ebenen gearbeitet werden mußte. Der Goldhintergrund spielt eine zusätzliche Rolle: er wirkt als Nebelschleier, der die Ferne verhüllt.

Ein Meisterwerk der Abstraktion sind auch diese beiden „Fusuma" aus dem Storchensaal, wo die Darstellung sich auf einen Kiefernzweig und zwei grüne Felsen vor einem Hintergrund goldener Wolken beschränkt. Trotz des Reichtums der verwendeten Mittel, von der diese repräsentative Staatskunst geprägt ist, bleibt die Sparsamkeit im Ausdruck auch hier typisch für die japanische Kunst.

Kiefern, Wasserläufern, die sich durch das Bild schlängeln, und Schilfgürteln, welche sich vor die dunstige Ferne legen, schaffen die Kano auf (zumindest anfangs) relativ eng begrenztem Raum einen wahren Mikrokosmos, der im Unendlichen mündet. Es ist eine Welt der Träumerei und Nostalgie, der Ruhe und Einsamkeit. Man entwirft hier ein imaginäres Japan, wahrer als das echte Japan, eine Art von Idealwelt, wie die japanische Seele sie sieht.

In den großen Kompositionen, die sich – wie etwa im Storchensaal des Nishi-Hongan-ji – über eine Fläche von mehr als zwölf „Fusuma" in der Breite und zwei Etagen in der Höhe erstrecken können, kann der Maler mit dem gleichmäßigen Rhythmus der Trägerpfosten und der Querbalken spielen, welch letztere die Komposition in halber Höhe teilen. Er trägt diesen Unterbrechungen in der Gesamtanlage seines Werkes Rechnung. Und ebenso wie bei den Wandschirmen jeder „Flügel" eine Einheit bildet, reihen sich die einzelnen „Fusuma" aneinander als eine Folge von Einheiten, die wiederum das Ganze bilden.

Aber diese Virtuosität reicht noch weiter, in dem Sinne nämlich, daß die vom Künstler erfundene Landschaft sich über die begrenzenden Pfeiler hinaus erstreckt und in die Ferne fortsetzt. Sie entwickelt sich in eine Tiefe, die um so wahrnehmbarer ist, als das Gefüge der Wand sozusagen den Vordergrund bildet. Die Illusion wird so weit getrieben, daß die Komposition tatsächlich über die Ecken des Raumes hinaus weiterläuft und keine Notiz nimmt von der Richtungsänderung, die durch den rechten Winkel in der Ecke gegeben ist. In der Tat löscht der Maler die Grenzen des inneren Raumes aus, dem er die Dimensionen

Ein anderer Ausschnitt aus dem Storchensaal, der ehemaligen Audienzhalle des Momoyama-Schlosses: hier ist vor allem das außerordentliche Gefühl der Kano für die Komposition zu bewundern sowie ihre besondere Gabe der Tierdarstellung und der feinfühligen Naturbeobachtung. Sie erschafft vielmehr eine „Kunst-Natur", die es dem Blick gestatten soll, über die durch die Architektur gesteckten Grenzen hinauszuschweifen.

der Unendlichkeit verleiht. In besonderem Maße trifft dies zu für den Saal der Wildgänse, wo sich der Aufflug einer Vogelschar über die Ecke des Raumes hinweg fortsetzt in einer Bewegung von unnachahmlicher Dynamik und Eleganz.

In diesem Bestreben, die Grenzen des bewohnten Innenraumes ins Unendliche zu öffnen, haben die Maler der Kano-Schule zu einem Mittel von großer Originalität gegriffen: dem Gold-Hintergrund. Diese Verwendung von Blattgold profitiert natürlich von der Bereitschaft zum Prunk, von der die Ausstattungskunst für Bauten der großen Shogune bestimmt war. Aber die plastische Funktion geht

Gegenüber:
Diese Ecke im „Saal der Wildgänse" verdeutlicht ausgeprägte Tierbeobachtung und Abstraktionsfähigkeit gegenüber der Landschaft. Die Darstellung des mit Schilfrohren bestückten Sumpfes vorne und der durch die Vergoldung gegebenen „Weite" des Hintergrundes stammt von Kano Ryukei.

Unten:
Diese Partie wurde von Maruyama Ozui ausgemalt; die Darstellung beschränkt sich auf Bambusstauden und Wolken, belebt von ein paar Sperlingen. Auch hier wieder ist die ausgeklügelte Komposition zu bewundern, durch welche die Selbständigkeit der oberen Zone auch dann erhalten bleibt, wenn die „Fusuma" unten aufgeschoben werden.

erheblich über die Rolle einer reinen Bereicherung des Rahmens hinaus, mit dem diese japanischen Diktatoren sich zu umgeben liebten. Das Blattgold erfüllt eine bestimmte malerische Aufgabe, die uns ganz wesentlich erscheint und die eine nähere Untersuchung lohnt.

Tatsächlich hat die Verwendung des Goldes durch die Kano nichts gemein mit den Goldhintergründen der byzantinischen Mosaiken, bei denen dadurch ein mystisches, ätherisches und irreales Universum dargestellt werden soll. Ihr erstes Ziel ist es, dem Saal möglichst leuchtende Flächen zu verleihen, indem man sich der Spiegelungen des Goldes bedient, um die Helligkeit zurückzuwerfen, die teils von den Leuchtern kommt, teils von den „Shoji", jenen Wänden aus durchscheinendem Papier, oder noch einfacher vom Tageslicht, das hereinströmt, wenn diese „Shoji" nach außen geöffnet sind.

Und hier tritt die tiefe innere Bedeutung der Malerei der Kano-Schule klar zutage: sie erschafft eine ebenso imaginäre Landschaft wie jene der japanischen Gärten rund um diese Herrensitze. Diese

soll ergänzendes Gegenstück sein zu diesen ausgeklügelten Welten, geschaffen aus ein paar Steinen, Zwergbäumen, Moos und Sand. Und so wie der japanische Garten nicht nur die Natur nachahmen will, sondern künstlich eine ideale Umgebung schafft, fühlt sich auch die Malerei nicht den natürlichen Farben verpflichtet. Die Felsen können grün sein, die Blätter blau, der Sand oder die Nebel golden.

Der Wille, die Bildoberfläche wie einen durchscheinenden Schirm zu behandeln, die bemalte Wand abzuschaffen zugunsten einer Illusion des grenzenlosen Raumes, der sich über die Balken des Bauwerks hinaus öffnet, wird ganz deutlich, wenn man z.B. zwei Abbildungen dieses Bandes miteinander vergleicht: einerseits den großartigen Saal der Wildgänse auf den Seiten 72/73, andererseits die Gärten des Tofuku-ji auf den Seiten 40/41. In beiden Fällen ist das Wesentliche der Wunsch, über den strengen Rahmen der durch die Baustruktur abgesteckten Wirklichkeit hinaus Raum zu schaffen für das Aufblühen des Traums in einer imaginären Welt.

Folgende Doppelseite:
Der "Raum der Wildgänse" im Nishu-Hongan-ji ist vielleicht das eindrucksvollste Beispiel für die Virtuosität der Kano-Schule. Die Rolle der Tiere ist besonders wichtig in diesem Bild. Die „Fusuma" und die Bilder der oberen Partie sind zur Erreichung einer betonten Einheitlichkeit aufeinander sehr klar abgestimmt. Auch die goldenen Wolken nehmen in dieser Darstellung einer Herbststimmung einen ersten Platz ein. Das Auffliegen der Vögel in der Ecke ist äußerst wesentlich für die Fortsetzung der Landschaft über die begrenzenden Balken der Baustruktur hinaus.

Kapitel VIII:

Kunsthandwerk und sakrale Kunst

Dreiteiliges „Inro" oder Pillendöschen aus Keramik, im 18. Jahrhundert von Kenya geschaffen. Das Netsuke in Form einer Trinkflasche ist ebenso wie das „Ojime" – die Kugel, welche die Halteschnur zusammenzieht – mit dem gleichen Motiv schneebedeckter Kiefernzweige verziert. Die Inros aus Keramik sind relativ selten (Sammlung Champoud).

So wie Toyotomi Hideyoshi der Kunst der Keramik einen beachtlichen Aufschwung als Ergebnis seiner erfolglosen Expeditionen nach Korea verliehen hat, so verhalf er auch einer ungewöhnlichen künstlerischen Technik gewissermaßen zu einer Wiedergeburt: der Lackkunst. Schon in der Nara-Zeit hatte die buddhistische Bildhauerkunst sich dieses aus China stammenden Ausdrucksmittels bedient, das dann aber in der Folgezeit mehr und mehr außer Gebrauch kam. Der Diktator förderte das Wiederaufblühen dieses Kunsthandwerks, dessen Schöpfungen sich von Gebrauchsgegenständen für die Teezeremonie bis zu Waffen und von der Bildhauerei bis zum Schmuck erstreckten. Denn vor allem auf die Fürsorge Hideyoshis für die letzten Lackkünstler ist der Neuaufschwung gegen Ende des 16. und dann im 17. und 18. Jahrhundert zurückzuführen.

Die Lacktechnik geht auf die Verwendung eines natürlichen Gummi-Harzes zurück, des Lacks eben, der als Saft einer Nadelholzart durch Einschnitte in den Stamm oder die Zweige gewonnen wird. Aufgetragen auf einen Holzuntergrund in einer Reihe von Schichten unterschiedlicher Zusammensetzung, hat dieser „Firnis" die besondere Eigenschaft, nur in feuchter Atmosphäre zu trocknen.

In den Händen der geschickten japanischen Kunsthandwerker ist die Lackarbeit zu einer der vollkommensten Techniken geworden, wo sich formale Vollkommenheit, Gefühl für das Material, Genauigkeit im Detail und Sinn für das Ornamentale verbinden.

Wenngleich die Vielfalt der Gegenstände aus Lack beträchtlich ist – Schüsseln, Platten, Kästchen, Schreibzeug, Büchsen, Scheiden für Schwerter und Dolche usw. –, so ist es doch vor allem das Gebiet der „Inro", wo sich diese japanische Kunst am schönsten entfaltet.

Das „Inro" ist eine kleine Büchse mit einzelnen Fächern, die sich auf kunstvolle Weise ineinanderfügen. Ursprünglich diente es hauptsächlich zur Aufbewahrung von Medikamenten, worauf auch die geringfügigen Abmessungen der jeweiligen Fächer zurückgehen. Diese

Dreiteiliges Inro aus Lack, ein Werk des Shiomi Massanari aus dem 18. Jahrhundert, das auf Goldgrund einen schwarzen Stier zeigt (Sammlung Champoud).

einzelnen Abteilungen sind untereinander mit einer Schnur verbunden, an deren Ende das „Netsuke" befestigt ist, eine Art von Knopf, der mit minutiös gearbeiteten Schnitzereien dekoriert ist. Diese Art von Miniaturkunst, die dem Inro und seiner natürlichen Ergänzung, dem Netsuke, gewidmet ist, blüht vor allem seit dem 17. Jahrhundert. Bald übrigens wird die ursprüngliche Bestimmung als Aufbewahrungsort für Medikamente verwischt zugunsten einer neuen Aufgabe: das Inro enthält z.B. die Zinnoberpaste, die man zum Aufdrücken des persönlichen Siegels braucht, dessen Benutzung sich seit der Edo-Periode stark verbreitet. Am Gürtel getragen, wird das Inro auf diese Weise zu einem Abzeichen für die gesellschaftliche Stellung. Daher wird es mehr und mehr verziert und zunehmend bereichert durch die Verwendung ergänzender Materialien wie Perlmutt, Silber, Gold und Elfenbein. Es kann sogar ganz aus wertvollem Metall gefertigt sein, aus Keramik oder auch aus sehr ungewöhnlichen Stoffen wie etwa Haifischhaut oder Austernschalen.

Auf diesen kleinen Gegenständen – sie überschreiten selten das Maß von 12 bis 15 cm Höhe und 8 bis 10 cm Breite – entwickelt sich unter

Hochformatiges Inro mit fünf Teilen, die von unten nach oben niedriger werden, in Lackarbeit mit Perlmutteinlagen. Es stammt aus dem 17. Jahrhundert und zeigt das Hunamatsuri oder „Fest der Puppen" mit einem Netsuke aus schwarzem und vergoldetem Lack und Figuren aus Elfenbein; es ist mit „Zeischin" signiert (Sammlung Champoud).

Vierteiliges Lack-Inro mit der Darstellung von Pferden unter Weiden, eine Arbeit des Dohaku vom Beginn des 19. Jahrhunderts. Das Netsuke aus Elfenbein stellt einen berittenen Höfling dar, das „Ojime" ist aus Bernstein (Sammlung Champoud).

den geschickten Händen der japanischen Kunsthandwerker eine reiche Bilderwelt. Tiere, Personen, Landschaften, ja sogar Szenen aus japanischen Legenden und Romanen entfalten sich auf den gewölbten Flächen der Inros in wahren Miniaturen voller Grazie und Eleganz.

Was die Netsuke betrifft, so stellen diese Miniaturplastiken von 3 bis 4 cm Höhe oft dreidimensional die gleichen Themen dar, die wir auf Inros finden: eine Liliputwelt, wimmelnd von winzigen Wesen, malerischen Persönchen, Haustieren, Insekten, Dingen des täglichen Gebrauchs, die aus dem Holz, dem Elfenbein oder dem Metall herausgearbeitet wurden. Hier gibt sich die japanische Seele ganz ihrer Neigung für das Reizende, das Unerwartete und das technisch Erstaunliche und Merkwürdige hin.

Die buddhistische Plastik beschränkt sich ihrerseits meist auf die Schaffung von Stücken in kleinem Maßstab zur Verwendung für häusliche Andachtsübungen. Denn die Großen der Zeit räumen dem Buddhismus nicht mehr jene Vorrangstellung ein wie ihre Vorgänger während der Nara-Periode oder der Kamakura-Renaissance im 13. Jahrhundert. Daher haben die betreffenden Stücke aus dem 16. und 17. Jahrhundert kaum einen Platz in der japanischen Kunstgeschichte, ganz unabhängig davon übrigens, von welcher Qualität sie sein mögen.

Oben links:
Dieses Innenbild aus einem tragbaren Hausaltar stellt „Tennin", also buddhistische Engel, auf Goldgrund dar. Anfang der Edo-Zeit (Sammlung Champoud).

Oben, Mitte:
Buddha aus bemaltem Holz vom gleichen Altar, von dem die Abbildung links ein Innenbild zeigt. Der aufrechtstehende „Erleuchtete" macht mit der Hand die Geste der Argumentation (Sammlung Champoud).

Oben rechts:
Auf einer Lotosblüte und vor einem reichverzierten, durchbrochenen Nimbus steht dieser Buddha aus vergoldetem Holz von einem Tragaltar der Edo-Zeit (Sammlung Champoud).

Nach einer geläufigen Redensart wird der Japaner als Shintoist geboren und stirbt als Buddhist. Daher gibt es den häuslichen buddhistischen Altar für den Totenkult und die Gedenkriten, der Anlaß ist für eine ganz besondere „Kunst der intimen Religiösität" von auserlesenem Geschmack. Und wenn die Formen auch oft erstarrt sind in die Wiederholung klassischer Vorlagen, so bewahren sie doch oft eine ungewöhnliche Anmut und Ausgewogenheit.

Wir wollen hier hinzufügen, daß dem Niedergang des „offiziellen" Buddhismus zur Zeit der großen Shogune die Verwurzelung eines erneuerten Konfuzianismus gegenübersteht. In Japan seit dem 13. Jahrhundert eingedrungen, setzt er sich im 16. Jahrhundert unter Tokugawa Ieyasu durch, der durchaus gerne jene Verweltlichung des Geistes sieht, die auf moralischen Grundsätzen beruht, deren Ideale auf die Gemeinschaft der Menschen gegründet sind und nicht auf ein fernes Nirwana.

Kopf eines Buddha aus der Momoyama-Zeit aus vergoldetem Holz mit einer durchbrochenen Krone aus Kupfer. Der japanische Geist hat hier völlig die chinesischen Einflüsse der Nara- und Heian-Zeit verdrängt (Sammlung Champoud).

Sitzender Amida-Buddha in der Geste der Argumentation, überragt von einer Strahlen aussendenden Aureole. Dieses Werk aus vergoldetem Holz, vom Weihrauch geschwärzt, stammt aus der Edo-Zeit. (Sammlung Champoud).

Dieser winzige Tragaltar aus vergoldetem Holz (auf der Außenseite mit Lackarbeiten geschmückt) zeigt den Amida-Buddha zwischen seinen beiden Jüngern Kwanze On und Daisei Shi. Auch dieses Stück, das nicht mehr als 11,5 x 17,5 Zentimeter mißt, stammt aus der Edo-Zeit (Sammlung Champoud).

Kapitel IX:

Der kaiserliche Landsitz von Katsura

Der Landsitz von Katsura erhebt sich südwestlich von Kyoto am Ufer eines Flusses, der den gleichen Namen trägt wie die fürstliche Eremitage, die sich im Bewuchs eines Gartens verbirgt, in dessen Mitte sich Teepavillons niederkauern und ein herrschaftlicher Wohnsitz von bescheidenen Abmessungen. Die Hauptfront von Katsura überschreitet tatsächlich vierzig Meter nicht, und die gestuften, gegeneinander versetzten Grundflächen der Anlage bedecken insgesamt nicht mehr als tausend Quadratmeter. Unter diesen Umständen von einem „Palast" zu sprechen, scheint eher übertrieben. Aber nichtsdestotrotz ist die Bedeutung von Katsura ganz erheblich.

Steinlaterne im „Oribe"-Stil am Eingang des Landsitzes von Katsura südwestlich von Kyoto, im 17. Jahrhundert erbaut von den kaiserlichen Prinzen Toshihito und Noritada.

Zur Hauptsache während der Jahre 1616 bis 1663 errichtet, spiegelt der Landsitz von Katsura die Wechselfälle des Schicksals wieder, denen der Adel zur Zeit der Tokugawa ausgesetzt ist. Die Epoche der großen Diktatoren ist gekennzeichnet durch das Bestreben, die Bedeutung der Aristokratie und des Kaisers selbst zu mindern. 1613 erläßt Ieyasu ein für den Adel sehr hartes Gesetz: es wird ihm der Aufenthalt in der Stadt Kyoto verboten, es sei denn in offiziellem Auftrag. Die einzige Tätigkeit, die den Adligen gesetzlich zugestanden wurde, war, sich ihrer Ausbildung zu widmen. Zwei Jahre später legt ein neues Gesetz die Aufgabe des Kaisers fest, dem es nur noch obliegt, Kunst und Kultur zu fördern. Tokugawa sperrt den Hof und die Höflinge in einer „Stadt des Adels" ein, inmitten der kaiserlichen Hauptstadt und von einer eigenen Mauer umgeben, und läßt dort einen neuen Palast erbauen.

Von jeder politischen, wirtschaftlichen und militärischen Tätigkeit abgeschnitten – was soll diese von den Diktatoren (die sich nun in Edo/Tokio eingerichtet haben, das Kyoto seinen fast tausendjährigen Vorrang neidet) sorgfältig „auf Eis gelegte" Aristokratie denn nun tun? Das Gefühl der Frustration treibt den Adel nun noch stärker in eine Existenz fern der Realität, er zieht sich in eine irreale Welt zurück. Die Adligen nehmen ihre Entfremdung an, indem sie die Mauer zwischen sich und der Welt „draußen" noch erhöhen; sie ziehen sich in den Elfenbeinturm zurück, in den idealistischen Traum von einem noch immer gesellschaftsbestimmendem Leben.

Aus diesem Zwiespalt zwischen der legalen Macht, die angeblich beim Kaiser und seiner Umgebung liegt, und der tatsächlichen Macht, die der Shogun in Händen hält, erwächst eine Kunst, die sich erschöpft im Preziösen und Überzüchteten, in delikaten Spielen der Nostalgie, in klassischen Zitaten, in Fragen der Rangfolge und der Etikette. Das augenfälligste Beispiel dieser neuen Lebensart, die sich in dieser hochgestellten, müßiggängerischen Klasse ausbreitet, ist vielleicht gerade die Tee-Zeremonie, die aus einem täglichen Bedürfnis ein wahres Ritual macht. Sie macht die banalsten Aufgaben zu hehren Anliegen oder „echten Berufungen", die gewöhnlichsten Zutaten – Tee und kochendes Wasser – zu Bestandteilen einer Art von geheimnisvoller Alchimie, auf die sich ein wahrer Kult aufbaut. Eine Handvoll grünen Pulvers, die man in einer Schale von einfacher Form mit heißem Wasser aufgießt, das in einem gußeisernen Behälter auf einem Kohlebecken erhitzt wurde – das ist das ganze „Geheimnis", um das die großen Meister eine wahre Religion entwickeln auf der Grundlage des in Regeln gefügten guten Geschmacks. Die kleinste Abweichung von diesen Regeln, der kleinste Bruch dieser Gesetze „tötet" in gesellschaftlicher Hinsicht auf unkorrigierbare Weise.

In den Gärten der Villa Katsura die „Amanohashidate" genannte Brücke aus einem einzigen Steinblock, die vom Festland hinüberführt auf ein Inselchen, wo sich ein Bassin mit fließendem Wasser befindet. Im Hintergrund erkennt man das Dach des „Alten Shoin".

Von der größten Insel des künstlichen Sees aus blickt man hier auf die in schräger Stufung versetzten Baukörper der kaiserlichen Villa: von links nach rechts das Neue Palais („Shin-shoin"), das „Mittlere Shoin" („Chu-shoin") und das „Alte Shoin" („Ko-shoin"). Die Gesamtanlage von Katsura wurde in verschiedenen Bauetappen, die jeweils neue Gebäude anfügten, zwischen 1616 und 1655 errichtet.

Das „Alte Shoin" von Süden mit den Trittstein-Pfaden, die darauf zuführen. Nach links schließt sich an diesen ältesten Bau das „Mittlere Shoin" an – die Verbindung wird durch eine Verschmelzung der Dächer unterstrichen. Eine erhöhte und überdachte Veranda schützt die Räume des „Alten Shoin" vor den peitschenden Monsunregen.

Das Architektur-Ideal des Adels

Die Architektur zeigt die Auswirkungen der dem Adel auferlegten Zwänge. Die Angehörigen der Hocharistokratie haben nur einen Wunsch: den harten Bedingungen, die ihnen in Kyoto gestellt waren, zu entfliehen und sich in Landsitzen einzurichten, wo sie weit entfernt von jener Welt sind, auf die sie nun keinen Einfluß mehr haben. Aber es sind nicht etwa befestigte Herrensitze, die sie sich errichten, denn die Shogune wachen sorgfältig darüber, daß es nicht zu einem Wiederaufblühen jener Ära der Burgen und des Feudalismus kommt. Darüber hinaus ist das ganze überfeinerte, wenn nicht sogar belanglose Ideal, dem sich von nun an die Schöngeister des Herrenstandes widmen, auf ganz anderes gerichtet als auf die Zurschaustellung von Reichtümern, die sie übrigens auch gar nicht mehr haben.

Man sucht der Welt zu entfliehen in Eremitagen, die an Schutzhütten in den Bergen erinnern sollen. Man zieht sich zurück in eine Einsamkeit, wo Ländlichkeit zur Tugend erhoben wird. Fernab vom Trubel der Städte spielen diese erniedrigten Adligen, die sich nutzlos fühlen, das Leben von „Auswanderern" und errichten sich in diesem Sinne ebenso ausgeklügelt wie schlicht und nüchtern ihre neue Welt. Die Behausungen, die sie erbauen, ähneln daher herkömmlichen Bauernhöfen, aber doch zugleich auch jenen Köstlichkeiten, wie sie etwa der Byodo-in in Uji oder der Goldenen Pavillon waren. Es ist weder eine Rückkehr zur Erde noch zur Natur; denn die Natur, an der die verdrängten Adligen Gefallen finden, ist ebenso künstlich wie die eines Gartens nach französischer Art, nur obendrein verbunden mit dem Bestreben, den Eindruck des Künstlichen möglichst zu verwischen. Man spielt Askese und Bedürfnislosigkeit auf dem Umweg über eine Schlichtheit, die das höchste Qualitätsniveau verlangt. In ihren ländlichen Hütten sondern feinsinnige vergoldete Eremiten poetische Träumereien ab, die sich vergleichen lassen mit den ländlichen Schäfergedichten des Petit Trianon von Versailles. Der europäischen Hirtenidylle des 18. Jahrhunderts entspricht die Hirtenpoesie der japanischen Junker des 17. Jahrhunderts, Kenner der japanischen und chinesischen Literatur.

Die Entstehung von Katsura

Der Landsitz Katsura war zunächst nichts als ein einfaches „Teehaus inmitten einer Melonenpflanzung". So bezeichnet ihn im Jahre 1616 der kaiserliche Prinz und Thronanwärter Toshihito, Besitzer von Katsura. Im gleichen Jahre kam der Kaiser selbst zu einem Aufenthalt dorthin, was voraussetzt, daß dort Baulichkeiten vorhanden gewesen sein müssen, um ihn zumindest mit kleinem Gefolge angemessen unterzubringen. Man wird also annehmen können, daß eine erste Villa, der Urbau des „Alten Shoin", spätestens seit dieser Zeit auf dem Gelände von Katsura steht. Anschließend wurden gegen 1620 die Arbeiten zur Anlage der Gärten in Angriff genommen.

Schriftliche Zeugnisse informieren uns darüber, daß schon gegen 1625 Katsura auf kulturellem Gebiet als eine der bedeutendsten Stätten Japans galt und auch für seine ästhetische Schönheit berühmt war. Der Tod des Fürsten Toshihito im Jahre 1629 unterbricht die Arbeiten nicht. Sein Sohn, der kaiserliche Prinz Noritada, beginnt im Jahre 1640 ganz im Gegenteil mit umfangreichen Bauarbeiten. Das „Alte Shoin" wird völlig erneuert, und man fügt ihm das „Mittlere Shoin" an. Dann überträgt man 1641 die Ausmalung der Säle an drei Brüder Kano, darunter den berühmten Tanyu, anläßlich eines Aufenthaltes des letzteren in Kyoto.

1648 wird einer der Teepavillons, der „Shokin-tei", in den Gärten errichtet. 1649 zählte man nach Berichten von Augenzeugen der Zeit schon fünf Teepavillons in Katsura, von denen heute noch vier stehen. Aber damit sind die Bauarbeiten in Katsura noch keineswegs abgeschlossen. Ein neues Gebäude wird südlich des „Alten Shoin" („Ko-shoin") und des „Mittleren Shoin" („Chu-shoin") angefügt: das „Neue Palais" („Shin-shoin"), dessen Errichtung in das Jahr 1655 fällt und das gleich anschließend von Kano Tanyu ausgemalt wird. 1658 und zweimal im Jahre 1663 hält sich der Ex-Kaiser Go-Mizunoo in Katsura auf; auf das letztere Jahr geht das Kaisertor zurück, das im Norden der Anlage erbaut wird, um den hohen Gast mit der gebotenen Würde empfangen zu können.

Wenn wir hier so ausführlich die verschiedenen Stadien der Errichtung des kaiserlichen Landsitzes von Katsura aufgezählt haben, so

Die Südostecke des „Shin-shoin" oder Neuen Palais: die Pfähle liegen auf Steinen auf, um sie vor der Bodenfeuchtigkeit zu schützen. Am Boden links unter dem Vordach erkennt man eine kieselgefüllte flache Rinne zum Auffangen des Regenwassers, das vom rindengedeckten Dach herabtropft.

Eine Brücke aus Holzbohlen mit einem Belag aus Erde. Der flach gewölbte Bogen überspannt das Wasser des Teichs vor dem „Alten Shoin" und führt zur Hauptinsel, wo sich das kleine Teehaus „Shoka-tei" befindet. Die rustikale Konstruktion soll einen Bergpfad vortäuschen.

geschah dies, um zu unterstreichen, daß es sich hier nicht um eine auf einen Schlag entstandene Anlage handelt, sondern um eine allmählich gewachsene Folge von Bauten, bei denen die japanischen Spezialisten im übrigen durchaus verschiedene Stile ablesen können. Es kann also nicht die Rede davon sein, Katsura etwa als Ausdruck einer einzigen umfassenden und synthetischen Idee sehen zu wollen oder als Verkörperung einer einheitlichen Architekturauffassung.

Die Betrachtung des Grundrisses genügt tatsächlich schon, um das Entstehen in verschiedenen Bauepochen erkennen zu lassen, die einander folgenden Änderungen des schon Bestehenden, die Ausbesserungen und Ergänzungen, deren Entwicklung in vollstem Gegensatz steht zu einer Anlage, die auf einen einheitlichen Gesamtplan zurückgeht. Freilich findet man die schräg gestufte versetzte Anordnung des Schlosses Nijo-ji wieder, das 1603 erbaut und 1624 erweitert wurde, doch auch jenes ist das Ergebnis wiederholter Hinzufügungen. Diese Feststellung ist außerordentlich wichtig für das Verständnis und die Auslegung der verschiedenen modernen Stellungnahmen gegenüber der Anlage von Katsura.

Die Gesamtanlage

Der Landsitz von Katsura bedeckt mit seinen Nebengebäuden und seinen Gärten nicht mehr als fünf Hektar, also eine Grundfläche, die etwa 250x200 qm nicht überschreitet. Aber dank der Tatsache, daß das an den Katsura-Fluß – den man übrigens von den Gebäuden aus

nicht sieht – angrenzende Gelände in seinem Relief völlig verändert wurde, wirkt es sehr viel größer. Es bietet in der Tat jeden Augenblick neue Perspektiven, Aussichten unter unerwarteten Blickwinkeln, Überraschungen. Das liegt auch daran, daß ein künstlicher Teich den größten Teil der Gärten in deren Mitte bedeckt. Mit seinen zahlreichen Inselchen ist die Wasserfläche von unregelmäßigem Grundriß umgeben von einer Reihe von Erhebungen, großspurig als „Hügel" oder gar „Berge" bezeichnet, aufgrund eines ganzen kosmologisch ausgerichteten Landschaftsaufbaus, von dem wir ja oben schon im Kapitel über die Gärten ausführlich geschrieben haben. Die schnurgeraden Alleen, die gewundenen Pfade, die Brücken aus Holz oder Stein mit einem Belag aus Erde, die Kanäle und sandigen Uferstreifen und die „Täler", die diesen Park durchziehen, in dessen Mitte sich der Palast erhebt, bilden eine Miniaturwelt. Das ist diese „Bergeinsamkeit", wo die Adligen nach der Abgeschiedenheit streben, die dem Kult des Schönen förderlich ist, dem sie sich nun mit Hingabe widmen.

Wenn wir uns weiter oben ausführlich mit der Gartenkunst beschäftigt haben und in der Folge dann mit der Ausstattung und Ausmalung der Gemächer, insbesondere mit der Malerei der Kano-Schule, so ist nun die Gelegenheit zum näheren Eingehen auf die Wechselwirkungen zwischen Architektur und Umgebung gegeben. Welche Beziehungen bestehen zwischen den inneren und den äußeren Räumen?

Mit seinen aufeinander senkrecht stehenden Dächern, seinen vorspringenden Sälen, seinen Loggien und Fassadengalerien, seinen unterschiedlichen Ebenen und seiner Vielfalt von Räumen in stets wechselnden Abmessungen bietet sich der Landsitz von Katsura als ein wahrer „Weiler" dar. Aber ein doppeltes Prinzip verhilft dieser Anlage zur Einheitlichkeit: zum einen die strenge Rechtwinkligkeit aller Bauteile, zum anderen die auf die Maße der „Tatami" abgestimmte Rasterstruktur. Darüber hinaus bringt die Abfolge der Pfeiler, welche die Fußböden etwa auf 1,50 bis 1,80 Meter über die Erde heben, ein zusätzlich vereinheitlichendes System mit sich; wenn man diesen „Grundrezepten" die Versetzung der Fassaden – von denen es insgesamt nur fünf gibt, von der „Plattform zur Betrachtung des Mondes" bis zum ersten Saal des Neuen Palais – in stufenförmiger

Der Teepavillon, der der eigentlichen Katsura-Villa am nächsten liegt, gleich nordwestlich vom „Alten Shoin", ist der „Geppa-ro", errichtet zwischen 1640 und 1645. Sein Grundriß ist L-förmig, und er enthält drei Räume, von denen man im Bild links den ersten und rechts den mittleren sieht, der auf den See hinausgeht. Mit seinem offenen Dachstuhl in bäuerlichem Stil und seiner gedeckten „Tenne", deren Boden aus gestampfter Erde mit einigen flachen Felsbrocken versehen ist, spiegelt dieser Bau äußerste Askese vor. Unter den Dachsparren ist ein hölzernes Tafelbild mit einer Schiffsdarstellung aufgehängt.

Gegenüber, oben:
Der Übergang vom „Mittleren Shoin" zum „Alten Shoin": während die Fassadengalerie des letzteren (rechts) zwischen Fußboden und Erde Platten hat, welche die Zwischenräume zwischen den Pfählen verschließen, ist wiederum die geschlossene Galerie des „Chushoin" – im Hintergrund – unten zwischen den Stützpfosten offen.

Gegenüber, unten:
Die außerordentlich „abstrakte" Fassade des „Mittleren Shoin" nach Osten macht die Begeisterung eines Bruno Taut verständlich, der sich auf Mondrian bezog zur Charakterisierung dieser Kunst des 17. Jahrhunderts, in der er einen Vorläufer des Neoplastizismus sah. Der Hell-Dunkel-Effekt wird nur durch das Grün des Bodens und die hellere Tönung des Daches gemildert.

Schräge hinzufügt, begreift man die Fülle der Verbindungsmöglichkeiten mit der Landschaft. Zunächst bemerkt man die Reihe von „kulissenartigen" Ausblicken, welche die versetzten Säle ermöglichen. Dann gestattet die Verwendung der „Fusuma" oder Schiebewände die Änderung der inneren Raumanordnung und ihrer Abmessungen und damit die Veränderung der Perspektiven, die man aus den Wohnräumen auf den Garten hat. Schließlich erhalten die Berührungspunkte zwischen den Innenräumen und den Außenanlagen besondere Wirkung durch die Verwendung von Loggien, gedeckten Galerien, Durchgängen und steinplattenbelegten Wegen, deren Blöcke den Ausgleich der Niveauunterschiede gestatten.

Aber die Verbindung ist am eindrucksvollsten bei den Teepavillons. Nicht nur das Vorhandensein sehr großer Schiebefenster oder „Shoji" nach außen, sondern auch von gedeckten Vorplätzen und Veranden vermittelt Übergänge von Draußen nach Drinnen von großer Ein-

Eine Steinlaterne beleuchtet die Wege im Garten der Villa Katsura, die aus Felsblöcken und Trittsteinen bestehen.

Oben, rechts:
Eine Weggabelung beim Teepavillon „Shokatei" auf der Hauptinsel des Sees im Garten von Katsura.

fühlsamkeit, wo die Natur in den Pavillon hineingenommen wird: so hat man am Außenplatz des „Shokin-tei" als Dachstützen Baumstämme verwendet, die man nicht entrindet hat, damit sie den Bäumen der Umgebung draußen gleichen. Kurz überall hat man eine innige Verbindung zwischen der Behausung und der sie umgebenden Umwelt zu schaffen versucht. Der zu durchwandernde Park wandelt sich rings um die Gebäude zum Garten-Gemälde.

Ein Manierismus der Schlichtheit

Wir haben gesagt, daß der Stil, der den Landsitz Katsura prägt, wesentlich als Eklektizismus bezeichnet werden kann. Der Entwerfer des Plans, der stark beeinflußt ist von Kobori Enshu (dem auch die Prinzipien zuzuschreiben sind, die für die Herstellung der für die Teezeremonie bestimmten Keramik gelten, und der in manchen Überlieferungen auch selbst als Architekt von Katsura bezeichnet wird), hält sich an ländliche Einfachheit, aber überhöht durch außerordentliche Qualitätsanforderungen. Wenn der „einsame Zufluchtsort", der dieser Palast zu sein vorgibt, sich am Aussehen einer Berghütte orientiert und sich an die traditionellen ländlichen Bauformen anlehnt, schöpft er doch aus den klassischen Palastbautraditionen der Heian-Epoche. Wenn sich aber der Stil von Katsura zugleich von den Residenzen im „Shinden"-Stil beeinflussen läßt, die für die Fürsten jener Zeit bestimmt waren, als der Adel noch auf der Höhe seiner Macht stand, und daneben von bäuerlichen Behausungen, dann kann er

Gegenüber:
Eine steinerne Laterne im „Okidoro"-Stil am Ende des „Felsigen Ufers", dessen mit sorgfältig ausgewählten und angeordneten großen Kieseln bedeckte Landzunge in den See von Katsura hineinragt. Der Garten ist als ein wahres Labyrinth angelegt, mit vielfältigen kulissenartigen Ausblicken, um dem Besucher immer neue Überraschungen zu bereiten.

Der Teepavillon „Shokin-tei", in den Gartenanlagen von Katsura im Jahre 1648 errichtet, ist einer der typischen Bauten dieser Epoche. Mit seinem strohgedecktem Dach soll er ländliche Bauweise vortäuschen.

nicht anders sein als „eklektizistisch", also im wörtlichen Sinne auswählend. Aber diese Hinwendung zur Ländlichkeit, zum Rustikalen, die gekennzeichnet ist durch die strohgedeckten Dächer, die nicht entrindeten Stämme, das Fehlen von Malereien auf Goldgrund, ist schließlich nichts anderes als Manierismus.

In diesem Sinne wird er zu einem Stil, der sich bewußt in Formen ausdrückt, die im betonten Gegensatz zur Ausdrucksweise der offiziellen Bauten stehen, wie sie von den Shogunen geschätzt wird. Demgegenüber ist ein buddhistischer Tempel wie der Toshogu in Nikko, wo die Kunst der Krieger triumphiert, charakterisiert durch Überladenheit, verwirrende Dekoration und Farbenprunk. Diese Ten-

denz verstärkt sich noch im neuen Tempel von Nikko, vom Shogun Iemitsu 1651 errichtet, also zeitgleich mit dem Neuen Palais in Katsura.

Folgende Doppelseite:
Die Verbindung von äußeren und inneren Räumen kommt in dieser Abbildung vom Teehaus „Shokin-tei" besonders schön zur Geltung. Im Vordergrund die irdene Feuerstelle auf dem gedeckten Vorplatz im Schutze des offenen Dachstuhls. Links der südwestliche Teil des ersten Raumes mit dem Blick auf den See. Ganz rechts erkennt man die nicht entrindeten Stämme, die das weit ausladende Vordach tragen und einen feinsinnigen Übergang schaffen zwischen den aufs sorgfältigste ausgerichteten und bearbeiteten Architekturelementen und den Bäumen, die diesen Pavillon im Garten von Katsura umrahmen.

Das moderne Mißverständnis

Zu Beginn dieses Kapitels sprachen wir schon davon, daß die Gebäude von Katsura für die ersten westlichen Besucher, die sich für japanische Kultur interessierten, Anlaß zu einem schwerwiegenden Mißverständnis wurden. Katsura wurde 1933 von dem deutschen Architekten Bruno Taut sozusagen „entdeckt", der, vor dem Nationalsozialismus flüchtend, nach Japan gegangen war. Er verbrachte drei Jahre damit, sich mit der klassischen japanischen Architektur vertraut zu machen, und brachte eine Reihe von Betrachtungen über diesen Palast heraus, den er mit allen Tugenden eines modernen Funktionalismus schmückt. Nach ihm entdeckte hier ein „Strukturalist" wie Mies van der Rohe den Schlüssel der Prinzipien, zu deren

Verteidiger er sich aufwarf. Im Gegensatz dazu sieht ein Frank Lloyd Wright hier den Vorläufer eines „freien Grundrisses", einer „organischen Architektur"; Le Corbusier erkennt in der Verwendung von Pfählen ein Grundmuster seiner eigenen Ideen, und Richard Neutra findet hier den Prototyp für seine „Rollfassaden" mit ihren Fenstern für „natürliche Gemälde". Schließlich vergleichen die modernen Kunstkritiker die rechtwinklige Konstruktion dieser Schwarz-Weiß-Fassaden mit der konstruktivistischen oder neuplastischen Kunst eines Markewitsch oder Mondrian.

Kurz, jeder schöpft aus den Quellen von Katsura, um nachzuweisen, daß Japan die Ausdrucksweisen der modernen Kunst schon dreihundert Jahre früher als Europa entdeckt hätte. Dabei ist doch nichts entfernter von den Überlegungen der Künstler und Architekten des 20. Jahrhunderts als der Geist der japanischen Aristokratie von Kyoto im 17. Jahrhundert. Wir haben gesehen, daß der Grundriß von Katsura ebenso wenig funktionalistisch wie organisch ist, denn er resultiert aus einer uneinheitlichen Folge von Hinzufügungen und Erweiterungen. Sein Dekorationsstil ist von Mondrian so weit wie überhaupt nur möglich entfernt, denn er erwächst aus den mystischen Prinzipien des Zen auf dem Umweg über die komplizierten Vorschriften der Teezeremonie und ihrer überzüchteten Etikette, zugeschnitten auf die erlöschende Gesellschaft müßiggängerischer Aristokraten, wehmütig zurückblickend auf eine dahingeschwundene Klassik.

Trotzdem aber erzeugt diese Begegnung mehr als einen ästhetischen „Nachfolger" mit den gestaffelten Grundrissen etwa eines Aalto, der Rückkehr zum Holz am Bau, der Suche nach Schlichtheit und Unverfälschtheit, durch die sich die besten Beispiele der modernen Architektur auszeichnen.

Innenansicht des ersten Raumes im „Shokintei" mit geöffneten „Shoji" und, im Hintergrund, den „Fusuma" mit seinem Schachbrettmuster in Blau und Weiß; auch hier wieder der Effekt äußerster Schlichtheit. Rechts die „Tokonoma"-Nische und ein Wandschrank vor dem Platz für den Herd, auf dem das Wasser für die Tee-Zeremonie bereitet wird.

Trittsteine eines Pfades durch den Garten von Katsura.

Kapitel X:

Eine volkstümliche Kunst – der Farbholzschnitt

Das Japan des 18. und 19. Jahrhunderts, dessen wirtschaftliches und politisches Zentrum Edo (Tokio) ist, hat sich in freiwilliger Isolation von der übrigen Welt abgeschnitten. Unter Todesstrafe war es gemäß einem Gesetz aus dem Jahre 1635 den Japanern verboten, sich ins Ausland zu begeben, und die Bewohner der westlichen Welt konnten ihre Werke nicht in die Inselwelt gelangen lassen, auf die sich die beachtlichen Fortschritte gründen, die zu jener Zeit Europa prägten. Nicht die Schriften der Enzyklopädisten, nicht die der Philosophen, nicht die der Wissenschaftler Europas sind in Japan damals bekannt. Historische Veränderungen und wirtschaftliche Entwicklungen werden nicht zur Kenntnis genommen. Nur heimlich gelangen Ideen und Abhandlungen über Medizin und Geographie durch holländische Schiffe ins Land. Dabei ist Edo eine riesige Hauptstadt: zu Beginn des 18. Jahrhunderts zählt sie rund eine Million Einwohner.

Die Unbeweglichkeit und der Dirigismus lassen die Gesellschaft verkalken und erstarren. Die einzige Klasse, die echte Fortschritte kennt, ist die der Kaufleute, vielleicht gerade, weil sie weder von den Adligen noch von den Mächtigen der Zeit für voll genommen wird. Das Anwachsen des Reichtums der Kaufleute geht einher mit der wachsenden Bevölkerungszahl. Dabei bleiben diesem fleißigen Volk Bedrohungen und Schicksalsschläge nicht erspart: Erdbeben, Hungersnöte und Brände verwüsten in regelmäßigen Abständen das Land. 1786 wütet eine große Feuersbrunst in Edo, das schon einmal 130 Jahre früher, im Jahre 1657, abgebrannt war. Hungersnöte treten in etwa fünfzigjährigen Abständen auf: 1732, 1783 und 1832. Ihre Auswirkungen sind um so härter wegen der enormen Bevölkerungsdichte.

„Kakemono" oder Rollbild mit der Darstellung von Affen, die mit Kirschblüten spielen. Es wird Mori Sosen zugeschrieben (1747-1821), dem größten Meister der naturalistischen Malerei Japans (Sammlung Champoud).

Das Aufblühen der Holzschnittkunst

Die reaktionäre Haltung der Herrscher hat ihre Auswirkungen auch auf die Kunst, wo konventionelle Werke in Gunst stehen. Selten sind Maler, die wie Mori Sosen, der sein ganzes Talent dem Studium von Affen widmet, über den Durchschnitt herausragen. Groß ist demgegenüber die Zahl der stereotypen Fasanen, Karpfen, Hirschkühe, die damals hingepinselt werden.

Ente im Flug, Seidenmalerei des 19. Jahrhunderts von Kako Koryusai. Höchstes Bestreben des Künstlers ist es, präzise den flüchtigen Augenblick festzuhalten (Sammlung Champoud).

Die Bürgerlichen dagegen interessieren sich vor allem für andere künstlerische Ausdrucksformen und Themen: solche, die sich mit dem Volksleben beschäftigen, den Sitten in den Vergnügungsvierteln, den Schauspielern und Schauspielerinnen und Geishas, dem Kabuki-Theater und all dem, was die Nächte in Edo bestimmt. Das ist die Malerei, die „ukiyo-e" genannt wird, was ursprünglich „Welt des Elends" bedeutete und schließlich „Schwankende Welt" und „Welt der Vergänglichkeit". (Wir würden sie wohl als Genremalerei bezeichnen). Dabei handelt es sich zunächst um Tuschezeichnungen. Aber aufgrund der Nachfrage greifen die Künstler wieder auf eine alte Technik zurück, die einst für die religiösen Bilder des Buddhismus im Gebrauch war: den Holzschnitt. Die frühesten Beispiele reichen bis ins 8. Jahrhundert zurück; ein Jahrtausend später ändern sich Aufgabe und Bestimmung. Denn nun ist es das quirlende Leben, sind es erotische Szenen oder malerische Handwerke, welche die Themen bilden für diese mit Hilfe des Drucks von Holzstöcken vervielfältigten Werke, die es erlauben, Kunst in weiten Kreisen zu verbreiten.

Die ersten schwarzen Holzschnitte werden bald durch Farben bereichert, die von Hand aufgetragen werden, hastig und ohne große Sorgfalt. Dann nutzt man die Techniken des farbigen Stoffdrucks und schafft mehrere Druckstöcke für das gleiche Motiv, die durch einander folgende Drucke in verschiedenen Farben die Schaffung von Werken voll großer Ausdruckskraft und zugleich außerordentlicher Feinheit der Farbgebung erlauben. Beginnend mit den Werken des Moronobu zu Anfang des 17. Jahrhunderts, gewinnt die Kunst des Farbholzschnitts bald bedeutendes Ansehen mit Künstlern wie Shunso (1726–1792), Utamaro (1753–1806), dem großen Hokusai (1760–1849) oder dem großartigen Landschaftsmaler Ando Hiroshige (1797–1858).

Als eine Kunst der Einfachheit und der Prägnanz, gegründet auf oft kühne Blatteinteilung und einen erstaunlichen Sinn für die Gesamtanlage, entwickelt der Holzschnitt rasch eine sehr moderne Ausdrucksweise. Nicht ohne Grund begeistern sich die Impressionisten für diese malerische Ausdrucksform, die sehr der ihren angenähert ist. Dabei ist die Mehrzahl der Beispiele, die sie kennenlernen, im Stil veraltet.

Eine der „53 Stationen der Tokaido-Straße" von Ando Hiroshige (1797-1858), einem der größten japanischen Landschaftsschilderer, die sich in der Holzschnittkunst ausgezeichnet haben. Diese Kunst der Verkürzung kümmert sich nicht um den Naturalismus; ihr dient das alltägliche Leben als Vorlage und zur Inspiration (Cabinet des Estampes, Genf).

Ganz oben:
Zwei Kurtisanen, ein Holzschnitt von Isoda Koryusai (gegen 1765-1784). Die zurückhaltende Farbgebung ist typisch für die Holzschnitte des 18. Jahrhunderts (Cabinet des Estampes, Genf).

Nach Themen wie schönen Frauen, Schauspielern und Handwerkern wendet sich der Holzschnitt der großen Meister bald nachdrücklich der Landschaft zu. Man wählt Themen, die sich für Serien eignen: die vier Jahreszeiten, die zwölf Monate, sechs Ansichten des Fuji, die 53 Stationen der Tokaido-Straße, hundert Ansichten von Edo usw.

Die Kunst der Holzschneider verschwindet keineswegs mit dem Ende der japanischen Isolation. Die Vertreibung der Tokugawa und die Begründung der Meiji-Periode im Jahre 1868 ist gekennzeichnet durch das rasche Einströmen westlicher Kunstauffassungen, und man erlebt eine massive Verdrängung der für Japan traditionellen Künste durch europäische künstlerische Ausdrucksweisen. Die Bedeutung der Holzschnitte wurde sowohl durch die Einführung photomechanischer Techniken als auch durch den Druck geschmälert; aber dennoch bieten sie während der letzten Jahrzehnte des 19. Jahrhunderts einige Beispiele, die getreulich den Einbruch westlicher Sitten und Techniken überliefern: Fahrräder, Dampfschiffe, Lokomotiven, Heißluftballons nehmen einen wichtigen Platz ein in diesen Werken, die nicht ohne rührenden und naiven Charme sind.

Vom Militarismus zur Wirtschaftsmacht

Im 20. Jahrhundert tritt Japan voll in die moderne Welt ein. Die Jahrzehnte der Unbeweglichkeit nachholend, stürzt es sich in eine Entwicklung, deren Beschleunigung sich bis in unsere Tage fortsetzt. Mit der intensiven Industrialisierung, die auf Anhieb während der Meiji-Epoche in Angriff genommen wird, verschafft sich das Land rasch beachtliche Produktionsmittel und überflügelt auf gewissen Gebieten Schritt für Schritt den Westen, wie etwa bei der Porzellanherstellung, der Textilfabrikationen usw., für die dann bald neue Absatzmärkte gefunden werden müssen.

Als eine der berühmtesten Szenerien Japans hat der Fuji eine Serie von 36 Ansichten inspiriert, die dem Katsushika Hokusai zu verdanken sind (1760 - 1849). Dieser einer Vision gleichende Holzschnitt von höchster graphischer Kraft verdeutlicht vorzüglich den persönlichen Stil jenes Künstlers, in dem die Impressionisten einen ihrer Vorläufer sahen.

Links:
Die Ausdruckskraft dieses Holzschnitts einer ihr Kind stillenden Frau von Kitagawa Utamaro (1753 - 1806) ist weit entfernt von jenen gefälligen Portraits von Schauspielerinnen und galanten Damen, die meist das Thema der ersten Holzschnitte von Edo waren.

Gegenüber, oben:
Fährschiffe an einem Flußübergang: eine der „53 Stationen der Tokaido-Straße" von Hiroshige. Dieser Holzschnitt von ebenso kühner wie origineller Komposition bezeugt das Genie dieses Meisters, dessen Talent während einer Reise von Edo nach Kyoto auf der Tokaido-Straße entdeckt wurde, welche die japanischen Kaufleute und Edlen benutzten (Cabinet des Estampes, Genf).

Gegenüber, unten:
Eine der „36 Ansichten von Edo" von Hiroshige: die heilige Stätte von Yushima Tenjin im Schnee.

Als Sensation erscheinen gegen Ende des 19. Jahrhunderts die ersten Fahrräder auf den japanischen Straßen, und die Farbholzschnitte des „Yokohama-e" legen davon getreulich Zeugnis ab – mit einer Landschaft, wo auch der traditionelle Fuji im Hintergrund nicht fehlt.

Auch für das Zusammentreffen von japanischer und europäischer Kultur sind die Farbholzschnitte Dokumente. Die „Yokohama-e" oder „Holzschnitte aus Yokohama" stellen in der Hauptsache Sitten und Kleidung der Europäer dar, die in diesem Hafen anlegen. So verweist dieser Holzschnitt, in der 2. Hälfte des 19. Jahrhunderts von Yoshitora geschaffen und „Zirkusspiele" betitelt, auf die Einführung von Schaustellungen nach europäischer Art sogar noch vor der Meiji-Ära hin.

Wahrer Reichtum für die Oberschichten der Gesellschaft entsteht. Man glaubt, ein reiches Land müsse nun auch eine mächtige Armee haben. Die Kriegerkaste, jahrhundertelang zur Untätigkeit verdammt, verlangt nun von der Regierung eine moderne Bewaffnung. Eine militäristische Politik führt Japan in eine Reihe kriegerischer Auseinandersetzungen: 1894 schon ist es der japanisch-chinesische Krieg, dann 1904 der japanisch-russische, der mit dem Sieg Japans bei Port-Arthur endet; 1910 besetzten die Truppen des Reichs der aufgehenden Sonne Korea; im Ersten Weltkrieg, wo Japan Gegner Deutschlands ist, stürzen sich die Generale 1918 in einen Feldzug nach Sibirien; 1931 findet die Besetzung der Mandschurei statt, und 1937 schließlich tritt Japan in den Krieg gegen Tschiang-Kai-Schek ein und schließt sich im Dreierpakt mit der Achse Rom-Berlin zusammen, was schließlich zum Überfall der japanischen Luftwaffe auf Pearl Harbor führt (1941). Das militärische Abenteuer endet erst mit den beiden Atombombenabwürfen auf Nagasaki und Hiroshima im August 1945.

Der Schock der Niederlage und die amerikanische Besetzung haben eine vollkommene Neuorientierung der Kräfte Japans bewirkt. Der große Vorwärtsdrang Japans im Kräftespiel der Welt in der zweiten Hälfte des 20. Jahrhunderts äußert sich auf dem Gebiet des wirtschaftlichen und technologischen Wettbewerbs. Eine auf fortschrittliche Technik und Ausrüstung gestützte Produktion, aber auch hohe Wettbewerbsfähigkeit der Werften machen aus Japan einen Wirtschaftspartner ersten Ranges. Mit seinem vorzüglich ausgebildeten Menschenpotential und seiner Spezialisierung auf die Spitzenindustrien braucht Japan heute in keiner Weise den internationalen Wettbewerb zu fürchten. Und wenn auch die gleichmacherische „Weltzivilisation", an der Japan voll teilnimmt, sich nachdrücklich bemerkbar macht, so hat es doch nicht die Brücken zu seiner Vergangenheit abgebrochen, die allein uns den Schlüssel zu Japans Geist und Seele liefern kann.

Die Ankunft der Europäer, der „Leute mit den großen Nasen", beunruhigte die Japaner, die sie zunächst als „Barbaren des Südens" bezeichneten, weil ihre Schiffe aus den warmen Meeren kamen. Dieser Reiter mit seinem Mantel und seinem breitkrempigen Hut wird vom Künstler Yoshitora als „Engländer" bezeichnet.

Mit diesem Ballonaufstieg wird der Farbholzschnitt zum Dokument der Eroberung der Luft, so wie er später die aktuellen Ereignisse des chinesisch-japanischen Krieges von 1894 und dann des russisch-japanischen Krieges von 1904 darstellen wird, bevor er als ein Opfer der Fotografie verschwindet, in der schon bald wieder die Japaner eine führende Rolle spielen werden.

Bildnachweis

Die 154 Farbaufnahmen dieses Buches stammen sämtlich von Henri Stierlin, mit Ausnahme der folgenden:
Seite 7,8 und 9: Kenishi Ozawa, Tokio (aus dem Band „Japan, Naissance d'un art", von J.E. Kidder, Editions O.L.F.);
Seite 12, 15, 22 unten und 24 unten links: Yuko Futagawa, Tokio (Retoria);
Seite 27: Yvan Butler, Genf;
Seite 94/95: Nicolas Bouvier, Genf;

Der Autor und Fotograf dankt den Direktionen der folgenden Stätten und Institutionen für die freundliche Erlaubnis, dort zu fotografieren: Nationalmuseum Tokio, Nishi-Hongan-ji und Villa Katsura in Kyoto, Tempel von Nara, Museum der Fondation Baur in Genf.

Anmerkung des Übersetzers:

Für die Schreibweise der Örtlichkeiten, Begriffe und Eigennamen diente als Vorlage im allgemeinen der Band „Japan" aus der vom Verfasser herausgegebenen Serie: „Architektur der Welt". Eine Ausnahme gilt dabei für die Akzente: sie wurden grundsätzlich weggelassen (wie dies in verschiedenen anderen Werken zum Thema Japan auch der Fall ist), da sie einerseits den Lesefluß stören, andererseits der deutsche Leser im allgemeinen ohnehin nicht mit den entsprechenden Regeln für die Wiedergabe japanischer Wörter und Lautzeichen vertraut ist.